高职高专电梯工程技术专业系列教材

电梯营销

主　编	魏宏玲	郭伟刚	
副主编	李海玉	张　娜	
参　编	潘国庆	叶耀文	傅军平
	韩　霁	马幸福	赵尔汗
	孙玉峰	宋小华	孙守明
主　审	金新锋		

机械工业出版社

本书是电梯工程技术专业教学资源库项目配套教材，根据《"十四五"职业教育规划教材建设实施方案》的要求，紧紧围绕国家职业标准及最新的电梯维修保养规范，提炼实际工况中电梯销售的要点，结合大量的颗粒化资源、工地现场图文案例，针对企业电梯营销人员实际操作需求编写的，立足于电梯行业销售人才的培养和岗课赛证的融通。

本书共分为 10 个模块，主要内容包括认识电梯销售业务、认识电梯客户、寻找电梯客户的途径、电梯选型、电梯土建勘测、电梯招投标、电梯项目谈判技巧、认识电梯合同、电梯合同签订与变更、电梯项目管理。通过 10 个模块将电梯营销的概念及特点、客户的寻找、合同的签订等知识和技能进行重点介绍，同时根据实际电梯招投标案例进行操作分析，真正实现教、学、做合一。

本书可作为高等职业教育电梯工程技术专业、机电设备技术等相关专业的教材，也可作为企业电梯销售人员的培训用书。

为方便教学，本书配套 PPT 课件、电子教案、教学视频及微课（二维码）等资源，凡选用本书作为授课教材的教师可登录机械工业出版社教育服务网（www.cmpedu.com）进行注册并免费下载。

图书在版编目（CIP）数据

电梯营销/魏宏玲，郭伟刚主编. —北京：机械工业出版社，2022.3（2025.6 重印）
高职高专电梯工程技术专业系列教材
ISBN 978-7-111-70271-9

Ⅰ.①电… Ⅱ.①魏… ②郭… Ⅲ.①电梯–市场营销学–高等职业教育–教材 Ⅳ.①F765

中国版本图书馆 CIP 数据核字（2022）第 035316 号

机械工业出版社（北京市百万庄大街 22 号　邮政编码 100037）
策划编辑：赵红梅　　　　　责任编辑：赵红梅
责任校对：潘　蕊　李　婷　责任印制：张　博
北京机工印刷厂有限公司印刷
2025 年 6 月第 1 版第 6 次印刷
184mm×260mm・11.5 印张・282 千字
标准书号：ISBN 978-7-111-70271-9
定价：39.00 元

电话服务	网络服务
客服电话：010-88361066	机 工 官 网：www.cmpbook.com
010-88379833	机 工 官 博：weibo.com/cmp1952
010-68326294	金 书 网：www.golden-book.com
封底无防伪标均为盗版	机工教育服务网：www.cmpedu.com

前言

随着我国城镇化建设的不断推进，电梯成为建筑物中不可或缺的运输设备。随着对外开放的不断推进和经济技术的不断发展，作为特种设备，国内外电梯品牌也逐渐增多，如何在同质化严重、竞争激烈的环境下，保持电梯销售业绩的增长，优秀的电梯营销人才具有非常重要的作用。

本书主要介绍了电梯营销人才必备的基础知识和技能，填补了在岗位化人才教育和培养中无系统化、基础化、应用化教材的空白。本书具有以下特点：

1）在内容编排上，按照销售环节以模块化形式呈现。全书分为10个模块，从电梯销售业务的特点、电梯销售客户特点和类型、如何寻找电梯客户、电梯选型方法、电梯土建勘测、电梯招投标、电梯项目谈判技巧、电梯合同签订与变更、电梯项目管理等方面全过程、系统化地介绍了电梯销售应落实的各项工作。

2）增加知识拓展，丰富知识结构。本书在每个模块结束，提供了实事素材，拓宽了学生的眼界，对学习内容的提升提供了极大的帮助。结合课程思政建设，把专业知识与思政理论有机结合的典型案例转化为主体化教材、网络化资源，使本教材有温度、有触感、有质量。

3）为岗位化培养提供重要基础。本书可作为五年制高职、三年制高职电梯工程技术类、机电设备类专业教材，也可以作为企业电梯销售人员的培训用书，方便电梯营销人员开展专业化、系统化的基础知识学习。

4）重点关注知识内容的应用性。与传统的市场营销教材不同，本书在内容上以职业能力需求为导向，学校、企业、行业共同开发，应用性更强。例如电梯井道土建勘测，从企业真实的井道勘测要求中提炼内容，形成单元内容，让学生掌握的知识内容与时俱进，更加具有应用性。

本书由杭州职业技术学院魏宏玲、郭伟刚担任主编，由潍坊职业学院李海玉、河北轨道运输职业技术学院张娜担任副主编，杭州职业技术学院潘国庆、杭州市特种设备检测研究院叶耀文、浙江省特种设备科学研究院傅军平、杭州西奥电梯有限公司韩霁、湖南电气职业技术学院马幸福、中新软件（上海）有限公司赵尔汗、济南职业学院孙玉峰、上海三菱电梯有限公司浙江分公司宋小华、杭州西奥电梯现代化更新有限公司孙守明参与了本书的编写工作。全书由杭州职业技术学院金新锋主审。

由于编者水平有限，书中不妥之处在所难免，恳请读者批评指正。

编 者

二维码索引

页码	名称	二维码	页码	名称	二维码
2	1. 电梯业务特点		75	6. 全面土建情况勘测要点	
12	2. 电梯业务收益点		105	7. 如何解读招标文件	
24	3. 电梯客户的特点		121	8. 电梯项目谈判过程遇到的挑战与应对技巧（1）	
41	4. 匹配客户前的自我了解		121	9. 电梯项目谈判过程遇到的挑战与应对技巧（2）	
55	5. 电梯产品选型的重大意义与误区		142	10. 电梯合同中的陷阱	

目 录

前言

二维码索引

模块一　认识电梯销售业务 ………………………………………… 1

　　单元一　电梯销售业务特点 ……………………………………… 2
　　单元二　电梯销售业务模式 ……………………………………… 8
　　单元三　电梯销售业务收益点 …………………………………… 12
　　单元四　电梯销售业务节点 ……………………………………… 17

模块二　认识电梯客户 ……………………………………………… 23

　　单元一　电梯客户特点 …………………………………………… 24
　　单元二　电梯客户类型 …………………………………………… 30
　　单元三　电梯客户关注点 ………………………………………… 34

模块三　寻找电梯客户的途径 ……………………………………… 40

　　单元一　如何匹配客户 …………………………………………… 41
　　单元二　如何获得客户信息 ……………………………………… 51

模块四　电梯选型 …………………………………………………… 54

　　单元一　产品选型的重大意义与误区 …………………………… 55
　　单元二　电梯产品选型依据 ……………………………………… 60

模块五　电梯土建勘测 ……………………………………………… 68

　　单元一　电梯土建勘测范围 ……………………………………… 69
　　单元二　电梯土建情况勘测要点 ………………………………… 75
　　单元三　电梯土建勘测节点与勘测内容 ………………………… 85

模块六　电梯招投标 ·· 90
单元一　电梯项目招标类型 ··· 91
单元二　电梯项目投标步骤 ··· 100
单元三　如何解读招标文件 ··· 105

模块七　电梯项目谈判技巧 ··· 111
单元一　电梯项目的谈判原则与准备要素 ··· 112
单元二　电梯项目谈判过程中遇到的挑战与应对技巧 ······························ 121

模块八　认识电梯合同 ·· 130
单元一　电梯合同的类型 ··· 131
单元二　电梯合同中的陷阱 ·· 142
单元三　如何平衡合同条款优势与执行风险 ·· 146

模块九　电梯合同签订与变更 ··· 149
单元一　电梯合同签订 ·· 150
单元二　电梯合同变更 ·· 154
单元三　电梯战略协议 ·· 160

模块十　电梯项目管理 ·· 163
单元一　电梯项目管理重点 ·· 164
单元二　电梯经销项目中销售员的关键协调工作 ··································· 169
单元三　电梯直销项目中销售员的关键协调工作 ··································· 172

参考文献 ··· 177

模块一
认识电梯销售业务

【情境导入】

虽然电梯销售属于销售工作类别的一种,但是电梯销售的业务过程与其他种类的销售业务有很大的区别。电梯销售员不但需要在项目销售阶段参与业务工作,在项目的执行、售后等多个环节也要参与,甚至要主导项目的进程。那么,电梯销售员应该了解哪些内容来提高对电梯销售业务的认知呢?

【情境分析】

我们通过掌握电梯的销售业务特点(项目型销售模式、业务周期长、合同变更多、动态的成本与收益)、销售业务模式(战略大客户销售模式、直销模式、代销模式、经销模式(买断模式))、销售业务收益点(设备收益、安装收益、售后收益)、销售业务节点(立项阶段、设计阶段、招投标阶段、合同阶段、交付阶段、收款阶段)来了解电梯销售的基本业务,提高电梯销售员对于电梯销售业务的认知。

【学习目标】

1) 初步了解电梯销售业务特点。
2) 初步了解电梯销售业务模式。
3) 初步了解电梯销售业务收益点。
4) 初步了解电梯销售业务节点。

单元一　电梯销售业务特点

【知识导图】

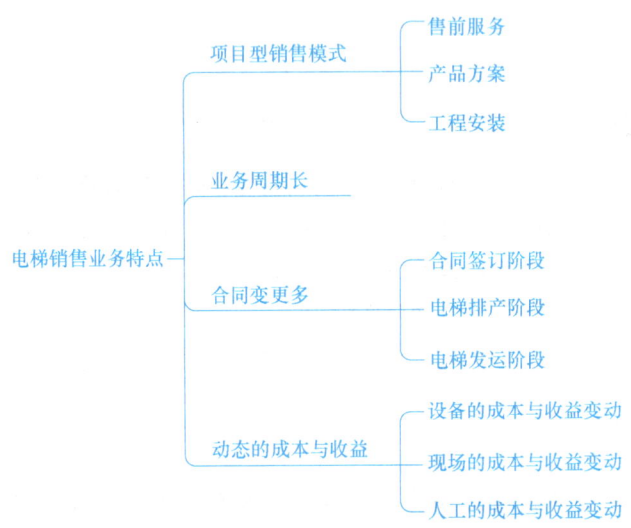

电梯作为常规基础设施配套工程的重要组成部分已得到广泛应用，它与各区域房地产建设成果息息相关。目前，无论是国际电梯市场还是国内电梯市场都处于稳步发展中，随着电梯市场需求量的日益高涨，电梯业务的销售形式也悄然发生着变化，现今绝大多数的电梯销售业务都是遵循以销定产的行业发展模式。

电梯产品的生产、安装与销售需根据配套建筑的风格、客户的需求以及具体的适用场景等因素进行综合确定，电梯生产企业在接收到客户预订订单后，需结合客户的定制需求以及企业的整合技术进行电梯产品开发设计，同时以订单为依据组织部件采购、电梯制造、发货运输、现场安装以及后期的维护保养。

一、项目型销售模式

电梯制造与普通的产业不同，它属于技术密集型产业。电梯制造技术是包含机械、电气、通信、网络、制造等多项工艺于一体的项目型研发技术，近些年随着电梯生产与销售功能的升级，它已逐步朝着项目型生产与项目型销售的方向发展。

对于当前的电梯市场来说，电梯销售不再只是一种形式，而是一个完整的标准型项目产品，它包含售前服务、产品方案、工程安装、报检验收、项目交付、维保服务等多个环节，每一个环节都需要电梯销售员结合合同计划全程跟进并确认所有的细节。

（一）售前服务

电梯项目的售前服务指的是在签订电梯销售合同前，全面且充分去了解客户的需求，主要包括客户对于电梯类型的意向选择、对于电梯参数的选择、对于电梯安装场所的要求以及对于电梯发货运输的要求等。

电梯销售员在售前服务中应根据客户的需求形成成本低、效益佳的最佳成本与收益方案，并且依据电梯设计阶段的要求收集资料，同时针对设计环节加强成本控制，以克服盲目性，提高销售预见性。

电梯是特种设备，必须根据国家法律规定进行相关报检并通过验收才可移交客户使用。因此电梯销售员必须拥有更加广泛的电梯基础知识，在客户接触电梯产品前，电梯销售员需根据不同类别电梯的应用特点、施工安装、维护保养等内容进行深入研究，对电梯销售过程中可能会发生的各类问题进行分析与研究。

在同化质严重的年代，消费者很难察觉不同厂家的电梯有哪些细微的差别，而电梯销售员的售前服务就需要收集大批电梯产品的信息，客户接触时可根据不同客户的选购心理适时推荐符合其应用需求的电梯产品。除此之外，电梯销售员需根据客户疑难进行高效解答，比如客户在进行电梯参数选择时碰到疑难，作为一名专业的销售人员需能快速响应客户的问题，并且能够根据客户的初步构想给出合理且可靠的产品方案。

（二）产品方案

产品方案相当于产品战略，它指的是学习运用产品组合策略和产品开发策略规划产品线，谋求理想的利润空间，因此电梯销售员应学会根据电梯产品生命周期的不同阶段制定适应性战略。电梯销售方案的拟建需要考虑多功能、高效率、低功耗、技术水平高、市场竞争力强等多方面因素，电梯销售员在前期与客户进行沟通后，要将需求转化为具体的电梯方案进行呈现。

电梯销售员在梳理电梯方案时，要关注客户、电梯使用者、电梯安装者不同角色所面临的问题，并从持续观察、不断优化的角度去通盘思考。在设计产品方案时要全面突出电梯产品的亮点，电梯销售员可以结合公司已有资源以及市场上的竞品进行综合考量，毕竟亮点与功能才是运营宣传和吸引留存客户的关键要点。

（三）工程安装

电梯工程安装是电梯的安装、调试、维护、维修工程的统称，在与客户接触过程中，很多客户便会提前咨询与建设施工安装相关的内容，因此电梯销售员在售前就要全盘掌握所有的工程安装要点。电梯销售员所掌握的工程安装技能越多，在碰到疑难或者问答时对答如流，方能体现电梯销售者的素养与专业。

二、业务周期长

电梯作为国家重点管控的特种设备，它的业务周期相比其他设备要更长些。一般来说，电梯交易的周期主要包括立项、设计、招标、合同、土建、验收与交付等环节，从最初的立项到最后的交付，它的业务周期一般需要 10~36 个月，因为它容易受到项目资金来源、建设用途、占地面积大小等多方面因素的影响。

电梯业务销售过程大致可以分为立项阶段、工程设计阶段、投标阶段、合同签订阶段、土建安装阶段、政府验收以及交付使用阶段，每一个节点所需的知识与技能不尽相同，这就要求电梯销售员能清晰且明确地了解不同节点的工作重点，学会合理分配技能，掌握基础知识与实际销售之间的距离，掌握持续跟踪不同节点的销售方法。这些都是电梯销售员必备的应用技能，它可以帮助电梯销售员快速融入不同节点的销售业务中，并在与客户的沟通与交谈中掌握更多的电梯销售技能。

三、合同变更多

无论从历时时间还是销售跟踪时长来说，电梯销售都属于一个长周期的销售项目。而在一个如此长周期的销售业务跟踪过程中，合同频繁变更就是电梯销售业务的一个基本特点。建设施工中的设计变更又是其中变化最为频繁的项目，某些微小的设计变更都有可能引起土建图样与合同图样不符，这有可能会导致出现电梯规格与配置参数等随着设计变化而变化的情况。为了大幅度减少频繁变更，作为职业电梯销售者应实时跟踪电梯的建设施工过程，以便快速响应不同变化所引起的连锁反应。

电梯的建设施工变更会耗费销售人员很多的时间与精力，因此，在整个电梯销售中电梯销售员应学会控制并减少合同变更的次数。这就要求电梯销售员在开展销售业务前，积极采取一切合理有效的措施以尽量减少后续可能会发生的合同变更情况。

（一）合同签订阶段

电梯销售员在合同签订阶段必须与客户保持充分的沟通，充分的沟通是良好合作的前提。高效的沟通不仅有助于减少合同变更的次数，还有助于提升电梯项目的管理效率以及控制电梯项目的安装成本，故而在合同签订前电梯销售员一定要确保土建图样已得到双方最终确认。需要注意：土建图样的绘制必须完全符合现场测量井道的所有要求。

（二）电梯排产阶段

作为电梯销售员应养成电梯现场跟踪习惯，因为这有利于快速比对现场设计施工、建设施工与计划施工预判的差距，对于避免后续某些无谓的变更具有非常大的好处。在电梯排产阶段，电梯销售员需现场复核井道与土建图样的一致性，以确保排产电梯与土建图样完全匹配。

（三）电梯发运阶段

电梯销售员在电梯发运阶段也需与客户保持充分的沟通。在发运前还需再次复核井道与土建图样的符合性，从而确保发运电梯与现场井道完全匹配。当然，与发运有关的所有细节问题都需要再次核对，以确保电梯销售信息无误。

四、动态的成本与收益

整个电梯销售项目需要经历一段非常长的周期,因此其中的某些动态变化有可能会导致动态成本与收益也随之上下起伏发生变动。电梯建设施工成本变化主要来自于现场、设备、人工三方面,无论是现场的临时措施、设备数量或施工人员的变动以及其他特殊情况的发生,都会影响整个电梯销售项目的收益,所以电梯销售项目也被称为"动态的成本与收益"。

(一)设备的成本与收益变动

电梯建设施工需要很多的建设设备,而建设设备的某些部分有可能会导致整体的成本与收益也随之发生翻天覆地的变化。导致设备成本与收益发生变化的原因主要包括合同变更、原材料价格波动、运输价格波动,电梯销售员应明确不同变更给建设施工带来的影响。

1. 合同变更

电梯销售中的合同若发生变更,那么后续现场的建设施工也会随之发生变动。像增加电梯数量、要求缩短安装周期等合同变更都会伴随着建设施工方案变更,建设施工有可能为了加快进度而增加施工设备,施工设备的成本就会随之上涨。

2. 原材料价格波动

在项目实施过程中,原材料价格波动是在所难免的,由于原材料价格出现上浮,工程量、工期、成本都必将随之发生变化,从而使得整个电梯项目成本控制工作变得更加复杂和困难。因此,电梯销售员应当及时掌握原材料变化规律,针对变更要求中涉及的设备数据进行计算、分析,随时掌握更多的变更情况,包括已完成工程量、将要发生工程、工期是否拖延等重要信息,从而判断原材料价格波动所带来的设备成本与收益变化。

3. 运输价格波动

除了合同变更与原材料价格波动会造成设备成本与收益变动外,运输价格波动也是影响设备成本与收益波动的重要因素。电梯的运输价格由货运物流费用、原材料运输费用以及运输中合理损耗等组成,在某些特殊时期运送设备及其安装零部件都有可能导致运输价格波动。因此,电梯销售员应通过掌握更多的市场信息,采用招标和询价等方式控制设备的运输与采购成本。

(二)现场的成本与收益变动

电梯项目现场成本管理是指对电梯建设施工生产过程中所消耗的原材料、能源、动力及相关费用的控制和管理。电梯项目的现场成本与收益变动也受到多种不同的因素影响,如土建整改、现场突发情况以及返工整改等,电梯销售员需要根据电梯销售项目的建设施工特点对现场施工成本进行控制。

1. 土建整改

根据电梯项目工程实例统计表明,由土建整改所引起的现场的成本与收益变动也是非常大的。比如电梯井道条件与电梯安装布置图样不符,导致井道基础需要进行大幅度变动,从而使得电梯安装工期严重拖后、整改成本加大,因此,在前期需要电梯销售员反复与客户核对信息,并对井道现场尺寸进行细致测量,另外在设计时就要充分考虑电梯顶层与底坑尺寸的要求，以避免因尺寸不合适而出现难以补救的尴尬。

2. 现场突发情况

电梯项目的建设安装虽然都是按计划进行，但是在实际的施工作业中也有可能会出现某些现场突发情况，从而引起现场的成本与收益随之上下浮动。如施工人员不足、材料供应不及时、现场水电因故障出现停供等，这些突发状况都是影响电梯项目现场管控成本的关键。

3. 返工整改

电梯销售员在项目施工建设中应反复核对相关信息，并且养成现场跟踪的习惯，这将有利于减少返工整改次数。比如井道基础尺寸不合适或者井道结构不满足安装条件，就有可能会造成部分电梯需要返工重新整改，而返工整改既耗时又耗力，无形中就会大幅度增加电梯现场施工的成本。

（三）人工的成本与收益变动

为了确保电梯项目的收益，在电梯的整个业务中，专业的合同条款、合理的成本运输以及费用预留等都是重要的管控内容。电梯销售员需要根据整个项目的交付周期、现场安装条件以及具体的销售计划与不同的单位进行对接，从而避免人工成本与收益发生变动。

电梯销售员在电梯销售实施过程的关键节点应该去做的工作切不可忽视，在项目的不同阶段必须与项目的关键负责人保持密切联系，这些联系必须有效、及时。通过控制这些节点，才能更加高效平衡成本与收益之间的关系，同时也要注意工期变化与人工成本波动可能会带来的影响。

1. 工期变化

电梯建设项目的施工进度直接关系着电梯能否在合同约定的时间内交付给客户使用，同时也直接影响着电梯销售项目的收益能否顺利实现。因此电梯销售员在追踪电梯建设施工进度时，应尽量排除可能引起施工工期发生变化的因素，以避免施工企业以及电梯建设和管理的成本大幅度增加。比如确保施工图样的完整性、确保适宜的现场施工环境、确保物资物料的及时供给、确保建设安装水平一致等，电梯销售员对于这些可能会影响工期变化的因素必须给予更多的重视，以避免形成"共振效应"。

2. 人工成本波动

电梯销售项目应遵循提前决策、紧密安排、实时跟踪等需求，因此电梯销售员在建设施工时应排除所有与人工成本相关不可控的因素，比如技术人员水平不够、人员缺乏、变更设计等。作为电梯销售员，应学会通过数字化管理手段随时核算电梯建设项目的人力成本投入、费用开销，减少无效的人力投入或者支出，同时提前预估可能会引发人工成本波动的原因，并采取高效的措施进行预防，以达到合理控制人工成本的目的。

【知识拓展】

2020年务工人员监测调查报告

2020年全国务工人员总量28560万人，比上一年减少517万人，规模为上一年的98.2%。其中，外来务工人员16959万人，比上一年减少466万人，下降2.7%；本地务工人员11601万人，比上一年减少51万人，下降0.4%。在外来务工人员中，年末在城镇居住的进城务工人员 13101 万人，比上一年减少 399 万人，下降 3.0%，如图 1-1 所示。

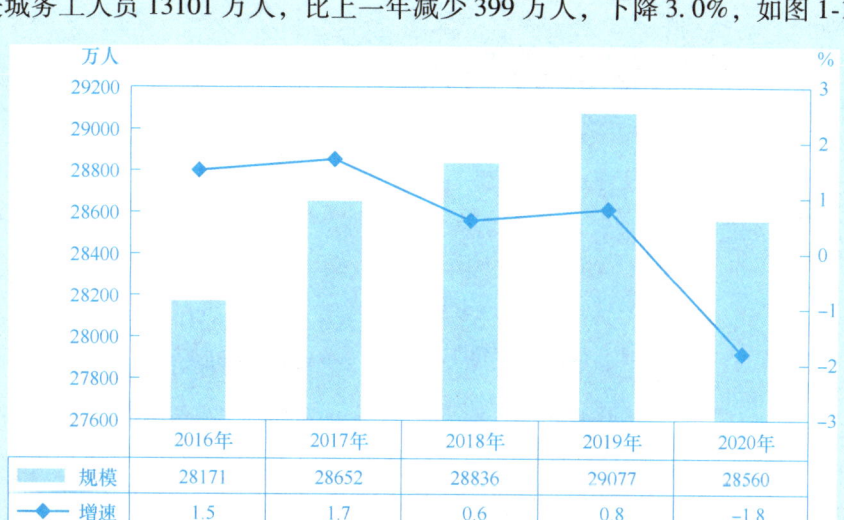

图 1-1　务工人员调查

在外来务工人员中，跨省流动务工人员 7052 万人，比上一年减少 456 万人，下降 6.1%；在省内就业的外来务工人员 9907 万人，比上一年减少 10 万人，与上一年基本持平。省内就业务工人员占外来务工人员的比重为 58.4%，比上一年提高 1.5%。分区域看，东部、中部、西部和东北地区省内就业务工人员占外来务工人员的比重分别比上一年提高 1.6%、1.3%、1.8% 和 1.0%。

【单元自测】

1. 电梯销售业务具有哪些主要特点？
2. 电梯项目型销售模式有什么特点？
3. 电梯销售业务周期有什么特点？
4. 电梯销售业务合同变更一般发生在哪几个阶段？
5. 电梯销售业务成本和收益主要受哪些因素影响？

【单元评价】（见表 1-1）

表 1-1　单元评价

序　号	知　识　点	配　分	自测结果
1	电梯销售业务的主要特点	2	
2	电梯项目型销售模式的特点	2	
3	电梯销售业务周期的特点	2	
4	电梯销售业务合同变更通常发生的阶段	2	
5	电梯销售业务成本与收益的特点	2	

单元二　电梯销售业务模式

【知识导图】

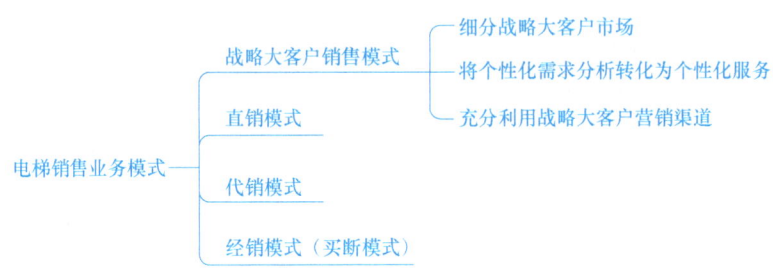

一、战略大客户销售模式

战略大客户销售通常指的是大型的房地产开发公司与全国性的总包单位每隔 2~3 年更新一次战略采购库与供应商库。战略大客户是影响电梯营销成功率高低的重要因素之一，也是公司生存之命脉，当电梯销售员与战略大客户间的壁垒被打破时，那么巨大的销售利益便会诞生。因此，电梯销售员应该投入更多的时间与精力去维护与管理战略大客户，那么电梯销售员应如何进行战略大客户销售与管理呢？

（一）细分战略大客户市场

电梯销售员应深刻且充分地领悟运用鱼骨理论对大客户展开更有效、更有针对性的服务。所谓战略大客户市场细分，就是将战略大客户按不同层次、不同行业、不同特性进行市场定位、开发、包装和营销，如将房地产开发公司以及全国性的总包单位按照不同的标准、行业性质以及特性进行分类筛选，从而细分出具有一定规模效益且相对成熟的大客户群体。谁能从战略大客户市场细分业务中挖掘出有潜力的大客户群体，那么就能在业务创新上把握先机。

（二）将个性化需求分析转化为个性化服务

行业内将战略大客户营销形容为"将绝大多数的鸡蛋放在少数几个篮子里"，这些战略大客户可以采用大客户管理策略进行动态管理，也就是说为少部分大客户制定个性化的战略服务，相当于制定"一对一"的战略服务。

电梯销售员应该将战略大客户管理定义成一项商业活动，而不是一次性的销售活动，在施行战略大客户管理服务时，可通过细分大客户市场获取不同战略大客户的个性化需求，并将个性化需求分析转化为个性化服务，这就要求电梯销售员学会建立战略大客户管理方案。

战略大客户管理方案中需包含个性化服务分析要点，只有制备完备的个性化服务分析要点，才能在与战略大客户建立关系时做到有的放矢。一般来说，个性化服务分析要点必须包括以下内容：建立完整且详细的战略大客户档案、了解大客户对战略采购库与供应商库的要求、了解战略大客户创新运营的总体目标、了解战略大客户当前产品的使用状况、了解战略大客户决策流程、分析大客户的潜在需求等。

电梯销售员在完成战略大客户个性化服务定制后，就要将分析结果转化为实际的行动。这就要求电梯销售员细化营销与管理策略，并能站在战略大客户的角度制定更加灵活且实用的电梯营销方案，以满足大客户的战略采购需求。

（三）充分利用战略大客户营销渠道

电梯销售员还应牢牢抓住战略大客户每隔 2~3 年更新采购库与供应商库这个战略销售点，采取灵活多样的营销手段与战略大客户公司签订战略采购协议。在与大客户签订战略采购协议后，在协议期内可参加这些战略大客户在全国各地的竞投项目，这对于拓展电梯销售员的眼界、保留战略大客户以及积极拓展大客户边缘销售渠道具有非常重大的意义，但是电梯销售员在扩展营销时要尽量避免与自身渠道发生冲突。

电梯销售员若是与战略大客户项目所在地签订供销合同，有关合同的细节则需要跟战略大客户项目所在地管理机构进行深度协商与探讨。在销售过程中，电梯销售员需要与客户分支或者项目分公司敲定电梯价格、电梯数量、电梯发运、电梯安装、电梯验收等具体细节信息，方可与战略大客户的项目分公司签订合同。

电梯销售员与战略大客户成功签单后，便可在战略销售协议中约定电梯采购期限、采购数量、采购金额等信息。根据这些信息电梯销售员可与电梯厂商约定具体所需的电梯规格与价格，同时也可约定后续所要签订的主要商务条款，其内容主要包括：

1）电梯的品质规格条款；
2）电梯的数量条款；
3）电梯的包装条款；
4）电梯的价格条款；
5）电梯的装运条款；
6）电梯的保险条款；
7）电梯的支付条款。

二、直销模式

电梯直销指的是房地产开发公司直接向电梯生产厂家采购电梯，并与电梯生产厂家直接形成合同关系，其合同关系主要包括设备合同、安装合同以及维保合同。直销模式的甲方一般都是房地产开发公司或者直接客户，而乙方一般指电梯公司。电梯公司会依据所签订的合同为甲方提供销售与维保服务。

三、代销模式

电梯代销指的是电梯公司授权的代理商代替电梯公司先进行前期的销售活动,为房地产开发公司提供电梯售前服务,由房地产开发公司与电梯公司签订电梯合同,根据实际情况再由电梯公司与电梯代理商提供有偿的维保服务与安装服务。在服务完成后,电梯公司会按照预先与电梯代理商签订的授权协议或者居间协议,向电梯代理商支付合理的劳务报酬。

四、经销模式(买断模式)

电梯经销指的是电梯公司授权的电梯经销商为终端客户提供全面的服务,这些电梯经销商可以与房地产开发公司直接形成合同关系。此时电梯经销商也可与电梯厂商建立设备采购合同,由经销商来买断这些设备采购合同,同时为客户提供安装服务与维保服务。故而许多人喜欢称"经销模式"为"买断模式",这种模式是非常常见且应用率非常高的一种业务操作模式。

【知识拓展】

常见销售模式的分类及特点

在经营活动中,常见的销售模式有批发模式、代理商模式、特许加盟模式、直营模式、团购模式、B2C 模式、C2C 模式等。

1. 批发模式

特点:通过全国主要大型批发市场的批发商销售货品。

优势:利用批发市场全国销售网点多、辐射面广的特点,将产品在市场上快速铺开,迅速实现资金回笼。

不足:不利于品牌创立、维护与形象提升,对公司长远发展不利。

2. 代理商模式

特点:将全国划分为若干区域,每个区域设立代理商,企业授权代理商全权负责该区域内的产品销售,由代理商发展和管理下属终端商。

优势:节约品牌销售渠道拓展成本和管理成本,发挥代理商的积极性和主动性。

不足:在品牌推广与货品管理上不易控制。

3. 特许加盟模式

特点:以特许经营权为核心,由公司总部直接发展终端加盟商,或由特许区域商发展终端加盟商,按照统一的模式进行销售。

优势:品牌管理标准化、系统更新及时。

不足:对加盟双方的协同要求较高,加盟商的自由度受到很大限制。

4. 直营模式

特点:企业自己选择合适的店铺经营并管理店铺。

优势：较好地体现品牌形象、容易实现垂直管理和精细化营销，市场计划执行力强，能够最准确地掌握市场信息。

不足：初始投资成本较高，终端管理能力要求较高。

5. 团购模式

特点：公司团购营销部分直接与大型企业接洽，签订合作协议。

优势：资金回笼稳定快捷，存货周转时间短。

不足：对公司团购营销团队的要求较高。

6. B2C 模式

特点：利用品牌与互联网开展网上销售。

优势：减少销售环节，节约实际销售成本，信息采集及时，物流管理快捷。

不足：不能具备实体店购物的优势，相关法律体系不健全，网上交易存在安全隐患。

7. C2C 模式

特点：利用 C2C 平台销售，买家比较分散，产品一般都是低端产品。

优势：价格低，容易吸引低端消费者。

不足：规模小，不容易形成明显的产品优势。

【单元自测】

电梯销售业务模式有哪些？

【单元评价】　（见表 1-2）

表 1-2　单元评价

序　号	知　识　点	配　　分	自测结果
1	电梯销售业务模式分类	10	

单元三 电梯销售业务收益点

 【知识导图】

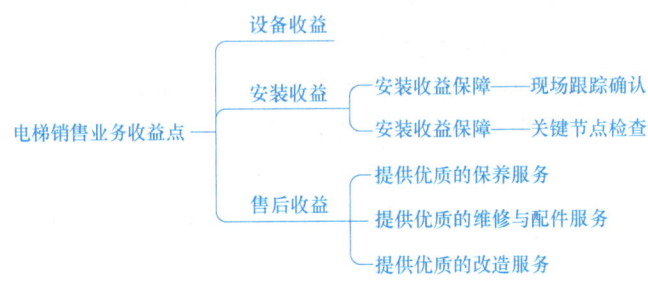

在电梯销售业务过程中，收益点主要包括三个方面的内容：设备收益、安装收益、售后收益。这三个方面的收益在不同的时间节点是不一样的。为了提升电梯销售业务的综合收益，电梯销售员需要根据不同的时间节点熟练掌握相关技能，如在安装阶段需具备读图的能力，能够根据电梯标准布置图向客户详细阐述电梯井道土建技术问题，从而帮助客户节省不必要的电梯井道土建支出，以达到提高安装收益的目的。

一、设备收益

电梯设备之所以能创造高收益，这与电梯设备本身的性能、配置具有密不可分的关系，而为客户推荐搭配什么样性能与配置的电梯，则是电梯销售员的基本销售技能。此时电梯销售员需要考虑电梯设备性能、配置与电梯成本之间的关系，电梯设备匹配度越高，电梯成本越低，那么电梯设备的盈利空间也就越大。

电梯销售员在电梯设备匹配阶段能根据客户的实际需求进行合理规划，在电梯项目初始的设计阶段就参与其中，沟通、了解客户订购电梯设备的用途，对现场电梯井道进行测量，对井道现场安装条件进行预分析等。电梯销售员需要根据这些条件为客户提供适合的电梯产品配置，这是提升电梯设备收益最为有效的办法。作为一名职业电梯销售员，必须提前深入了解自己所销售的电梯产品，并以电梯参数配置、电梯发运、电梯安装为辅助指标进行综合评价，从而预估电梯设备的成本效益。

二、安装收益

为客户提供优质的工程管理与安装服务是提升安装收益的关键要点。

(一)安装收益保障——现场跟踪确认

工程管理者的任务是将工程管理作业尽善尽美地完成,而电梯销售员的任务则是及时跟进电梯安装现场的情况,并且对涉及重要节点的内容进行跟踪查看,需要现场跟踪确认的内容主要包括以下几个方面:

1) 确认现场是否具备安装条件。
2) 确认井道清理进度以及井道状况。
3) 确认客户拆箱验件结果是否与签订的合同一致。
4) 确认现场安装程序是否有序执行,比如安装导轨支架、安装机房设备、安装井道机械设备、安装电气装置、布置井道电缆和随动电缆等。
5) 确认现场验收过程有无差错等。

(二)安装收益保障——关键节点检查

一个现场知识丰富的电梯销售员还需学会能与电梯项目现场安装单位保持及时高效的沟通,特别是与安装经理保持高效的沟通,以确保电梯关键节点的检查均符合相应的质量与安全审查要求,而电梯关键节点的检查主要指:

1) 开箱缺件检查;
2) 土建验收检查;
3) 电梯安装样板架放线检查;
4) 轿厢导轨安装质量检查;
5) 对重导轨安装质量检查;
6) 曳引机安装质量检查;
7) 对重装置安装质量检查;
8) 轿厢安装质量检查;
9) 层门安装质量检查;
10) 井道机械设备安装质量检查;
11) 悬挂装置安装质量检查;
12) 电气装置安装质量检查;
13) 绝缘电阻测试记录检查;
14) 安全保护装置安装调试质量检查;
15) 电梯运行试验检查;
16) 电梯主要使用功能测试检查;
17) 隐蔽工程质量检查。

电梯销售员除了需要与安装经理针对关键节点检查展开及时有效的沟通外,还需要积极跟踪现场安装的安全管控措施,并对可能发生的电梯事故类型、地点、影响范围以及可能影响的人数进行危害辨识与风险评价,以便降低电梯安装施工事故率。如在电梯安装过程中发现施工隐患,必须及时向安装经理反馈建议与意见,这就要求电梯销售员积极学习电梯安装相关知识,并能够在电梯安装现场起到积极的协调与沟通作用。

三、售后收益

(一) 提供优质的保养服务

近些年随着电梯公司数量呈现与日俱增的发展趋势，促使电梯公司与电梯公司之间的竞争日趋激烈。而电梯产品的销售特点就是它的生命周期比较长，从销售、设计、生产制造、安装调试到政府部门验收合格，甚至到后期的维修保养服务，期间的每一个环节都有可能影响客户满意度。因此，为了使长周期的电梯服务获得可持续发展，那么电梯公司必须为客户提供优质的保养服务，这将大大有利于提升客户对电梯公司的印象及评分。

电梯销售员作为中间联系人，应积极与客户沟通并且为客户提供优质的保养服务，这对于提升客户满意度以及售后收益具有非常重大的作用。若想提升维保效率与体验效果，建议电梯销售员从以下几方面着手考量。

1. 维护保养的标准化

电梯销售员在销售初期就应熟练掌握与电梯维护保养相关的服务规范。在实施电梯维护保养过程中，应结合电梯维护保养手册以及客户对电梯维护保养的管理规定，将维护保养服务规范标准化、程序化。当电梯销售员接收到客户对电梯故障问题的反馈时，需要及时跟踪现场状况，了解电梯故障类型以及损耗情况，并积极协调电梯公司售后服务人员与客户一起商定电梯修理方案。

2. 维保人员的管理

电梯销售员既要将客户的电梯维修保养意见准确反馈给维保人员，也需要沟通协调将维保人员的意见反馈给客户。除此之外，电梯销售员还需要在电梯维修保养作业中加强对维保人员的管理，其具体的管理内容主要包括：

1) 电梯维保工作必须是由已取得作业证书的电梯维修保养人员负责。

2) 电梯维保必须按月、按季度、按年度做好维修保养登记表。

3) 电梯维保人员需要仔细核对每部电梯的配件状况，对于故障电梯需要详细填写故障原因与数据，同时还要及时清理轿厢、机房以及底坑卫生。

4) 电梯维保人员需要做好电梯火灾、水淹、断电、困人等各种非正常情况下的应急处理工作，不得延误时间，不得违章作业。

3. 维保工具的妥善分配

电梯销售员是维保人员与客户沟通的重要桥梁，良好的维保服务沟通将有利于提升维保效率与体验。这就要求电梯销售员能提前掌握多项不同的知识与技能，如妥善分配维保工具等，对于拥有不同岗位技能的维保人员分配不同的维保工具，以达到人员合理分配以及维保工具充分利用的目的。

(二) 提供优质的维修与配件服务

电梯是以人或者货物为主要服务对象的重要运输设备，要做到服务良好并且避免电梯发生意外事故，电梯销售员必须为客户提供优质的维修与配件服务，这对于提升维保收益也是具有非常大的好处。维修保养是电梯生命链中的重要环节，所有的电梯配件都有固定的生命周期，定期的维修保养就是为了能够大幅度延长电梯的使用寿命，优质良好的维修保养服务有助于减少不良环境对电梯质量与使用寿命的影响。

客户在后期碰到电梯故障或者电梯零配件老化需要更换时，一般都是与电梯销售员直接联系。电梯销售员在接收到客户的故障维修以及零配件老化更换申请时，需要仔细研究客户所需更换电梯配件的名称、数量以及原因，然后再与电梯厂商联系配送相应的配件并重新进行安装调试。

（三）提供优质的改造服务

电梯作为公共的垂直运输系统，它的合理配置非常重要，为使电梯能够有效地分配人群的流向并减少候梯时间，达到提高电梯运行效率以及节能降耗的目的，有些客户会要求电梯公司根据实际运营状况提供优化调度等改造服务。作为职业电梯销售员，应与客户展开积极的沟通，充分考虑现场安装要求与电梯改造方案的匹配性，以便提升电梯改造的质量。

【知识拓展】

《关于进一步做好本市既有多层住宅加装电梯工作的若干意见》（上海）节选

四、扶持政策

（一）有关规划技术规定。在满足消防安全、不影响通行前提下，建筑退道路红线、退用地边界距离与最小建筑间距均按照原建筑外墙计算。

（二）政府资金补贴。前期可行性评估费用纳入街道（镇）的公共财政预算。房屋安全性专家论证费用由公共财政承担。政府按照加装电梯施工金额的40%予以补贴（最高不超过28万元/台），市与区分担比例各为50%。

（三）可提取住房公积金。业主可以按顺序申请提取使用本人及其配偶、本人直系血亲的住房公积金，用于加装电梯中业主个人所需支付的建设资金。

（四）配套工程的支持。相关配套单位在实施旧住房综合改造、低压电网改造、通信管线迁移、雨污混接改造等项目时，应统筹考虑加装电梯的配套需要。

电力、燃气、供排水、通信等相关单位要开通绿色通道，优先安排加装电梯的电力扩容、管线迁移等配套项目实施计划，并按照营商环境改革的要求，公布办事流程，优惠收取配套费用，接受社会监督。

【单元自测】

1. 电梯销售业务收益点主要有哪几类？
2. 为保证电梯安装收益，电梯销售员应对安装现场做好哪两项工作？
3. 电梯售后收益中，详细的收益点有哪些？

【单元评价】（见表1-3）

表1-3 单元评价

序 号	知 识 点	配 分	自测结果
1	电梯销售业务收益点	4	
2	安装现场电梯销售员的工作	3	
3	售后收益中详细的收益点	3	

单元四 电梯销售业务节点

【知识导图】

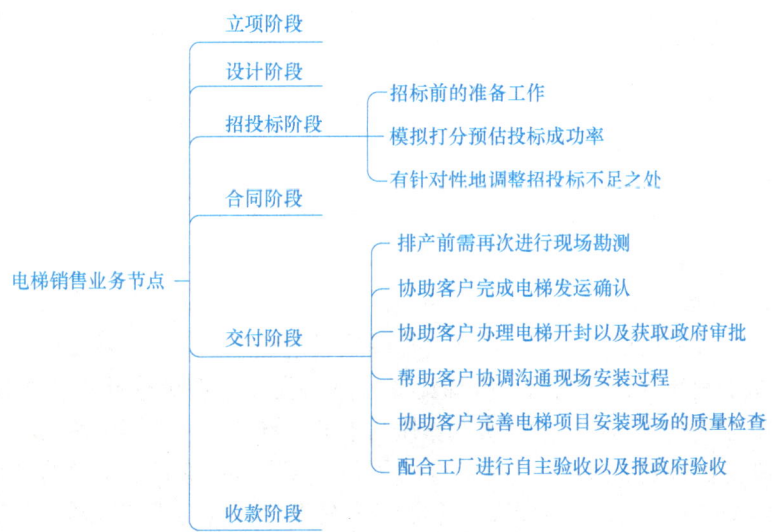

电梯项目作为一个成熟的立项项目，它的销售业务节点主要包括立项、设计、招投标、合同、交付以及收款这六个方面的内容。电梯销售员需要掌握不同的业务节点中包含的关键项目，尽早地掌握更多、更准确的关键项目信息，才能在电梯立项项目中占据有利地位并提升市场竞争力。

一、立项阶段

在电梯项目初始立项阶段，电梯销售员为了提升电梯项目中标的概率，在项目立项初期就需要积极去了解项目资金的来源，这是后期与客户商谈付款条件较为重要的依据之一。同时也要尽可能多地搜索有关项目预算、项目定位、项目工期、业主、设计单位以及建设单位等相关信息，为这些项目关系建立高效的网络图，这便于电梯销售员能在电梯销售谈判中能以最有竞争力的价格成功获取订单。

除此之外，电梯销售员还需要动态跟踪电梯的工期，并在不同的建设阶段与业主、设计单位以及建设单位的关键人物进行及时高效的沟通。保证及时高效的沟通既是为了给后期的设计阶段、招投标阶段、合同阶段以及交付阶段打下基础，也是为了确保电梯安装作业能如期完成，在立项阶段所采取的这些措施对于提升电梯项目的成功率具有不可或缺的重大作用。

二、设计阶段

近些年随着高层建筑物大量兴建，市场上对于电梯的需求量也呈现高速增长态势，电梯本身发展也是日新月异的，它经过了从无到有、从有到多、从多到精的发展历程。房地产开发公司对于电梯的质量以及电梯项目规划设计方案的要求也越来越高，这就促使电梯销售员在电梯项目的设计阶段积极去了解电梯设计的井道结构、井道尺寸以及相应的土建要求，引导设计师按照电梯销售公司的标准去设计构建施工图样。一般来说，电梯设计标准需要结合项目的定位、项目的类型等因素综合确定，它的关键设计要点主要包括以下几方面：

1）电梯 5min 运载能力。
2）平均运行间隙时间。
3）人数计算指标。
4）出勤率。
5）电梯的开门宽度与开门高度。
6）轿厢装修前高度。
7）轿厢预留装修重量。

当然，电梯销售员在设计前期还需要对电梯流量进行分析，并引导设计师合理规划电梯配置方案，待初步设计方案确认后，电梯配置方案需交设计部审核并且与电梯公司确认数据。电梯销售员在其中所起到的沟通协调作用是十分关键的，一来积极的沟通与合理的设计可以帮助客户降低设计安装成本；二来也是为了便于在电梯的交期、电梯的质量以及电梯的发运中获得一定的优势。在这个阶段，电梯销售员需与客户保持密切沟通，并实时追踪电梯井道结构与尺寸，以便于设计师能根据现场状况设计出最经济、安装最简便、工期更短的电梯。

三、招投标阶段

招投标阶段是决定电梯项目成功与否的关键阶段，绝大多数的客户都会在招投标文件中明确标示电梯的采购、安装、调试、缺陷处理、维护保养以及技术服务等招标要求，同时还会明示电梯设备功能、主要配置以及主要部件等信息。这就要求电梯销售员全面掌握本公司电梯产品的特色以及主要部件的应用功能，在招投标阶段有效开展工作。

（一）招标前的准备工作

电梯销售人员在招投标开始前期就要全面掌握电梯项目的基本情况，包括电梯项目的地理位置、电梯井的尺寸、建筑层数、建筑总层数、经停层数、电梯项目的用途、每层的户数和总户数，同时也要现场测量电梯的联动方式、电梯的速度以及控制方式等。在电梯项目的招投标阶段，电梯销售员还需要依照招投标文件去了解资格预审、评分标准、技术要求、商务要求以及综合要求等内容。

电梯招投标资格预审主要指的是审查参与投标的电梯公司是否已具备资质，它的主要内容包括：

1）工程项目简介；
2）对投标人的要求；
3）各种附表。

电梯招投标资格预审会由专业领域的技术人才组成评审小组，对电梯公司所提交的文件进行完整性、有效性及正确性的资格预审，其主要考察内容包括：

1）投标的电梯公司是否拥有一定数量的流动资金；
2）投标的电梯公司是否已拥有类似本项目的施工经验；
3）投标的电梯公司的工程技术和管理人员的数量、工作经验、能力是否满足本项目的施工要求；
4）投标的电梯公司所拥有的施工设备是否满足工程安装需求。

电梯销售员在招投标阶段应仔细研读招投标文件，研读的重点主要包括投标者须知、合同条款、设计图样、工程范围、供货范围、设备规格、型号、数量、工程量表、技术规范要求以及其他特殊要求等。在通透研读招投标文件的基础上，电梯公司所制作的投标文件才能对招标文件的实质性做出积极的响应，如在设计制作投标文件时确保其在技术、工期、质量、安全保证等方面有创新，从而达到吸引招标人目光的目的。

（二）模拟打分预估投标成功率

电梯招投标在完成初期的资格预审后，电梯销售员就可以根据本公司电梯产品的特色、公司资质以及样板工程等情况来模拟招投标进行评分，以便科学地去预估投标成功率。电梯销售员可以根据投标书商务部分的主要内容，按照报价要求进行一一打分，报价打分主要包括电梯设备价格、井道设计制作价格、安装价格、运输价格，其中土建改造、协调以及检验等费用则是包含在安装费用内。对于电梯销售员来说，提前进行电梯招投标模拟打分可以帮助电梯公司准确评估项目成本与利润，从而帮助电梯公司能以更有竞争力的投标价格获得市场竞争优势。

（三）有针对性地调整招投标不足之处

电梯招投标工作是整个电梯公司经营中的重中之重，它对于提升电梯产品的市场份额以及市场竞争力具有非同寻常的意义。故而现今绝大多数的电梯公司都会建立招投标评估模型，以便在评分过程中发现不足，并对不足之处进行针对性调整，前期所执行的工作就是为了能大幅度提高电梯项目的投标成功率。

四、合同阶段

中标以后电梯项目就会由招投标阶段转入到签订合同的阶段，而合同的签订一定要根据实际现场勘测结果来进行拟定。电梯销售员在合同签订阶段获取关键项目信息既可以通过日常与客户交流分析进行提取，也可以从招标文件中获取。

电梯作为一种应用率较高的机电产品，客户会在招标文件中明确提出与订货、生产、运输、验收、维保、供货周期等环节相关的要求，便于为合同的签订创造条件。另外，电梯合同也会明确电梯的规格、数量、交付标准、交期、质量保证、价格、付款条件以及罚责等信息。因此，电梯销售员需要准确把握分布在不同节点上的关键项目信息，为后期的合同风险评估提供可靠的基础。

为了避免已签订的合同在后续被频繁修改，电梯销售员需要根据前期搜集的信息、客户的反馈、与客户的关系、电梯工厂执行合同的能力等资讯去综合评估合同的风险，尽量一次性确定合同的所有细节问题。对于不妥当的地方则需要电梯销售员与客户进行协调并达成一致意见，在合同签订前需要根据合同条款展开深入的讨论与探讨。

五、交付阶段

作为一名专职的电梯销售人员，对于电梯产品的销售过程要按照计划有序进行，并在科学预见基础上进行信息收集和分析。特别是当电梯项目由合同阶段进入交付阶段后，电梯销售员应积极协助电梯公司生产部门、运输部门以及技术部门等，协调与确认电梯项目在各节点需要完成的关键工作，其具体内容主要包括以下几点。

（一）排产前需再次进行现场勘测

电梯销售并不能简单地理解为单一的产品推销，对于电梯销售员来说，并不是签订电梯销售合同就结束销售任务，它需要与电梯项目安装现场紧密相连。电梯销售员需在排产前对安装现场进行再次勘测，并且依据合同节点再次确认电梯的规格、数量，然后再根据所有的节点进行排产并且将最终准确的信息提交给电梯工厂。

（二）协助客户完成电梯发运确认

电梯销售员在将准确的数据提交电梯公司后，还需要实时追踪电梯的加工生产进度。同时还需在货物发运、运输前后与客户保持积极联系，以便于快速获取电梯产品发运后的物流轨迹，这是为了让客户能在收到货后第一时间进行开箱缺件检查以及验货确认。

（三）协助客户办理电梯开封以及获取政府审批

根据《中华人民共和国特种设备安全法》《特种设备安全监察条例》等相关法律与法规的规定，电梯作为一种常用特种设备，为了加强电梯安全管理工作、预防和减少不必要的电梯事故，在施工项目开工前，需到相关技术监督局办理开工许可，待获得政府部门的工程开工许可后方可进场开展施工。在此期间，电梯销售员必须协助客户严格按照相关规定办理开封业务，同时提供必要的参数文件以帮助客户尽早完成政府部门工程开工许可证办理手续。

（四）帮助客户协调沟通现场安装过程

在电梯交付阶段，电梯销售员应充当安装现场安装工人与客户沟通的桥梁，确保现场安装细节都尽善尽美。这就要求电梯销售员掌握更多的电梯安装细节知识，从而能够实时跟踪现场安装状况并积极协调安装进度。良好的沟通是成功的一半，这对于提升电梯项目的安装效率具有事半功倍的效果。

（五）协助客户完善电梯项目安装现场的质量检查

电梯项目安装现场的质量检查是影响电梯整体运行成效的关键节点。在这个过程中电梯销售员需要与土建打交道，因此建议电梯销售员提前学习一些"地质学""建筑学"以及电气等相关知识，方能在此阶段与现场安装管理关键人物保持积极联系，并做好现场质量检查工作。如积极做好电梯导轨和轿厢、曳引机与导向轮、层门与门滑轮、安全钳与限速器的安装检查工作等。

（六）配合工厂进行自主验收以及报政府验收

电梯项目验收是电梯生产与销售生命周期中较为重要的一环，所有的电梯公司都非常注重其验收过程。在电梯安装完毕后，电梯销售员应协助工厂进行自主验收以及报政府验收，在验收时还需准备必要的验收文件以提升验收效率。那么电梯项目的验收主要包括哪些内容呢？

一般来说现场验收需要提前准备以下文件资料：
1）已通过特种设备安全监察部门的检测并取得相应合格证书；
2）电梯安装合同；
3）隐蔽工程记录；
4）电梯安装技术变更资料；
5）安装规范验收的自验报告；
6）电梯设备型号；
7）数量与移交清单等。

现场验收需要审核的内容比较多，主要包括：
1）机房（环境、控制屏、主机等）检查；
2）井道（包括轿层门、井道内部附属设施）检查；
3）轿厢与对重的验收；
4）曳引绳的验收；
5）层门与轿门的验收；
6）底坑的验收；
7）功能试验的验收；
8）电梯综合性能测试（加减速度、噪声等）以及原始记录的验收。

电梯项目在完成工厂自主验收后，可由电梯使用单位向特检所提交验收申请。根据检验情况，依据《电梯监督检验规程》出具"电梯验收检验报告"，获得"合格"批示后，该电梯项目才算真正通过验收，而只有验收合格的电梯项目，才能完整交付给客户使用。

六、收款阶段

电梯销售员应根据合同所签订的节点安排相对应的收款计划。收款阶段贯穿了整个电梯项目的生产周期，它从合同签订阶段一直延续至最后的交付阶段，电梯销售员必须以报告的形式详细阐述整个电梯项目的实际执行情况。同时还需整理并收集电梯生产、产品方案、工程安装、报检验收、项目交付等各关键节点的收款材料，以便能按照合同约定在关键节点向客户收取相应的款项。

【知识拓展】

进度控制的目的和意义

项目工程进度控制与投资控制和质量控制一样，是项目施工中的重点控制之一，在工程施工三大目标控制关系中，质量是根本，投资是关键，而进度是中心。由此可见，进度控制的地位非同一般，应该而且必须给予重视。因此，编制合理的进度计划，特别是在施工中对进度计划实施动态控制是保证工程按期或提前发挥经济效益和社会效益的决定因素。每一个施工总承包工程都是一个系统工程，必须拥有自己的一个完整的计划保证体系。它需要应用系统的方法来分析影响进度的各方面因素，合理安排资源供应，考虑相应的措施，包括组织措施、技术措施、合同措施、经济措施和信息管理措施等，以达到按期完成工程、节约工程成本的目的，编制出最优的施工进度计划。在执行该计划的施工中，经常检查施工实际进度情况，并将其与计划进度相比较，若出现偏差，应分析产生的原因和对工期的影响程度，找出必要的调整措施，修改原计划，不断地如此循环，直至工程竣工验收。

【单元自测】

1. 电梯销售业务节点有哪些？
2. 在招投标阶段，电梯销售员的主要工作有哪些？
3. 在交付阶段，电梯销售员应协调完成哪些工作？

【单元评价】（见表1-4）

表1-4 单元评价

序 号	知 识 点	配 分	自测结果
1	电梯销售业务各节点	4	
2	招投标阶段电梯销售员的工作	3	
3	交付阶段电梯销售员协调的工作内容	3	

模块二
认识电梯客户

【情境导入】

电梯从最早期的简陋不安全、舒适度较低的升降机发展到今天的智能电梯系统，经历了无数次的改进与提升，它的革新与发展让许多用户叹为观止。对于电梯销售员来说，最难的仍然在"如何找客户"这个问题上，所谓销售，就是要主动出击寻找客户需求点，电梯销售员坐等客户上门的想法是不太现实的。那么通过什么方式才能找到合适的电梯客户呢？

【情境分析】

准确挖掘客户潜在需求就是电梯销售制胜的关键要素之一，在与客户的接触过程中也要仔细分辨不同类别客户的特性，掌握电梯客户的特点以及掌握电梯客户圈的特性是非常重要的。除此之外，电梯销售员也要学会为不同的客户进行分类定位，从而便于直击销售点促成合作与交易。本模块主要介绍电梯客户的特点。电梯客户的主要类型以及不同电梯客户的关注点。通过本模块学习使电梯销售员能有针对性地寻找电梯客户，并且根据不同电梯客户的需求定位进行销售。

【学习目标】

1) 了解电梯客户的特点。
2) 了解电梯客户的主要类型。
3) 了解电梯客户的关注点。

单元一　电梯客户特点

【知识导图】

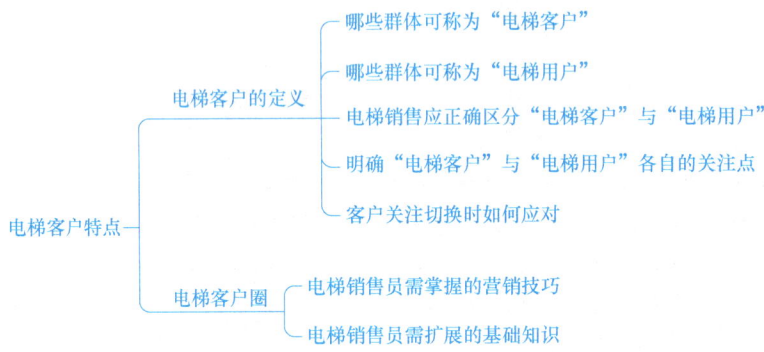

电梯在机电产品系列中属于较特殊的一类产品,故而电梯的营销方向必定根据其特殊性,找出与营销相互关联的点,从而实行科学的电梯营销策略。电梯销售员在进行电梯销售时一定要找准目标,有些电梯销售员错将电梯用户当作电梯客户,这就是营销策略方向错误所造成的失误。因此,作为专业电梯销售员,在投身电梯营销活动前就要先明确一些概念性的问题才能顺利开展营销活动。

一、电梯客户的定义

(一) 哪些群体可称为"电梯客户"

在许多人的印象中用户就等同于客户,但是在电梯销售业务中用户并不等同于客户。电梯销售业务中的客户指的是实际采购电梯的组织或者个人,像房地产开发公司、城建公司、建筑总包以及电梯经销商等都可以统称为"电梯客户"。

电梯的操作使用对象非常广泛,但是电梯客户却并不广泛。使用电梯的人很多,但并不是人人都需要买电梯,只有开发商、建设单位才是购买电梯的主力客户。因此,从某些意义上来说,电梯购买方的决策者大都是几个人或者一个集体。

(二) 哪些群体可称为"电梯用户"

电梯用户与电梯客户存在着较大差别,电梯用户一般情况下指电梯在实际交付使用后,日常使用电梯的人员,如住宅小区业主、商业建筑业主及进行商业活动时的目标客户在日常生活中都属于"电梯用户"。

电梯用户作为电梯日常的使用者,对于电梯的感官需求及关注点与电梯客户存在一定区别,对于电梯的装潢、舒适感、故障率等更为看重。

(三) 电梯销售应正确区分"电梯客户"与"电梯用户"

电梯销售员应明确电梯用户与电梯客户的不同之处,在绝大多数的情况下采购电梯的客户与实际使用电梯的用户并不是相同的。这就是通常所说的"买的人并不一定是用的人",这也是电梯客户较为显著的特点之一,作为电梯销售员应学会正确区分"电梯客户"与"电梯用户"。

虽然"电梯客户"与"电梯用户"不尽相同,但是在某些时候"电梯用户"与"电梯客户"又是重合一致的,在这种情况下电梯销售员需要谨慎分辨,否则很容易因为错辨而丧失电梯销售的机会。电梯销售员应具备敏锐的观察力,能够通过细节或者简单的沟通交流读懂不同客户的实质需求,并且能从细节与交流中分辨不同用户与不同客户的特性。

(四) 明确"电梯客户"与"电梯用户"各自的关注点

电梯项目是涉及公共安全以及公共利益的招标型项目,该项目本身就蕴藏着巨大的公众效益,而用户与客户对于电梯行业的关注点是不一样的。客户的关注点主要集中在电梯的质量与性能上,而用户的关注点主要集中在电梯的安全性与可靠性上,但是电梯行业的关注点通常会随着时间的变化而发生变化,电梯销售员需要及时掌握不同公众变化所带来的营销变化。

(五) 客户关注切换时如何应对

1. 重新正确认识电梯销售理念

有许多电梯销售员在电梯形势发生变化后,不知道如何根据客户的关注点对电梯进行新的销售。这时建议电梯销售员重新正确认识电梯销售行为,销售不是强买强卖,不仅是卖还买,买进来的是用户对于电梯质量与性能的改进意见,电梯厂家再根据用户的改进意见修正电梯产品的参数与性能。

故而电梯销售员在营销形势发生变化时,不能以卖求买,也不能以卖强买,更不要过于心急。

2. 调整销售方向与销售行为

电梯销售员需要根据"电梯客户"与"电梯用户"不同的关注点来看待电梯销售问题。在电梯行业的关注点随着时间或者市场发生变动时,电梯销售员要拥有敏锐的洞察力,能够及时调整销售方向与销售行为。在许多旧观念中销售产品就等同于将产品卖给用户,但是由于电梯行业本身的特殊性,电梯销售员不能只针对"电梯用户"进行销售,而是应能从"电梯用户"对于电梯的使用标准出发调整销售方向与销售行为。

1) 电梯销售业务是一个动态的变化过程。电梯销售业务对专业性、操作性、技术性以及综合性要求都非常高,它的每一个环节都是紧紧相扣的,从产品设计、质量条件、电梯装潢、广告宣传以及销售技巧等都是一个动态的变化过程。

2) 将目光由销售电梯产品转移至销售要素上。电梯销售业务涵盖的内容非常广泛,小到一幢楼房,大到一个地区的建筑规划。这就要求电梯销售员能根据市场的变化动态调整销售方向与销售行为。把销售目光从电梯产品上转移开，并将其转移到不同的销售要素上，比如关注某个地区的整体规划、建筑设计、项目施工以及楼宇改造等。这些工程是否需要电梯？每个工程涉及规模大小、投资多少、工期长短等，是电梯销售员在进行电梯销售时要综合考虑的销售要素，然后再决定下一步的销售行为。

3）结合市场调研确定销售方向。市场的动态变化、客户关注点的变化、营销行为的变化都有可能导致电梯销售方向以及电梯销售业绩随之变动。而若想准确把控这些变动对于电梯销售业务所带来的影响，则必须进行详细的市场调研，特别是新入行的电梯销售员更要特别注重市场调研的力量。除了前期进行必要的资料准备外，还需要对预定计划中的销售市场进行周密的调查以及深入的研究，所谓"知己知彼，百战不殆"，指的就是以充足的市场调研准备应对不同时间节点营销变化所带来的影响。而电梯销售员在进行市场调研时，一般来说需要做到以下几点。

① 了解风土人情。电梯销售员需要详细调查当地的人文环境、所处的地理位置、人口数量、经济水平以及消费习惯等。

② 了解市场发展状况。电梯销售员应根据列表快速获取电梯市场容量、产品性能以及价格取向等各方面的信息。

③ 了解不同用户的使用状况。不同用户主要指的是地区性的整体规划与设计部门、建筑设计部门、土建施工单位，以及他们购买产品的意向和资金实力等。

④ 了解决策程序。有许多新入行的电梯销售员经常会因为不了解决策程序而失去客户的信赖与认可，特别是在决策人员变动频繁的情况下，电梯销售员应尽快掌握电梯客户决策层的变化与结构。

⑤ 为用户建立档案。电梯销售员应把用户调查与为用户建立档案当作电梯销售业务的重要组成部分，把调查所获悉的用户资料存储进计算机资料库进行分析，这对于挖掘潜在客户群具有非常大的好处。所有的销售客户都是从大批的潜在客户群中细细挖掘出来的，无论最后销售成功与否，这部分工作对于推进销售进程具有非常重大的意义。

3. 注重销售基本素质与销售技巧的提升

无论外在市场如何变化，一名合格的电梯销售员都应该明确自我管理和自我提升的方向。日常需要特别注重销售基本素质与销售技巧的提升，电梯销售员的内外部形象要保持和谐统一，既能体现电梯公司良好的企业形象与员工素养，又能体现销售人员个人的文化内涵。一个人说话或者商谈若是能让人感觉到如沐春风，这对于促成交易将会有巨大的推动作用。

另外，电梯销售员应有意识地培养或者锻炼自己的销售技巧。现今的电梯行业是许多人眼中的热门行业，它并不是一家独大的采购局面，往往会有数十家或者数百家同行共同参与一个项目的竞争，这中间还涉及前期咨询、洽谈、报价以及投标等不同的环节，而优良的销售技巧始终贯穿于整个电梯销售业务中。

综上所述，虽然电梯销售业务有可能会随着"电梯客户"与"电梯用户"关注点的不同而引发某些营销变化，但是营销的变化并不代表着没有机会。电梯销售员在此期间不要气馁，不要过早放弃，而是应该重新正确认识电梯销售理念、调整销售方向与销售行为，并且注重销售基本素质与销售技巧的提升，以满足市场营销动态要求。

二、电梯客户圈

相比其他产品而言,电梯客户圈相对来说稳固性更强,这是由电梯的下游行业——房地产行业的特性决定的。房地产行业从事的不是建筑活动,而是经济活动,因此电梯项目也会伴随房地产行业经历土地取得、项目策划、项目规划设计、建筑实施、销售及后期维修保养等全过程。

一般来说,电梯客户圈主要集中在总包代建商、商业房地产开发公司、经销商。电梯销售员游走于这些客户圈中,需要与不同层次的人物打交道,学会对接不同的客户圈,这就要求电梯销售员掌握必要的营销技巧。

(一) 电梯销售员需掌握的营销技巧

1. 学会正确的演讲

麦肯锡30s电梯理论一直被众多的电梯销售员视为经典律令。所谓30s电梯理论,指的是麦肯锡要求其手下业务销售员必须具备30s之内向客户阐述电梯方案的能力,事实上无论是电梯销售还是其他产品销售,30s理论对于整个公司的运营与发展都起到决定性作用。

据许多专家研究发现,绝大多数人的记忆时间只有30s左右,因此,作为一位专业的电梯销售员,学会利用这30s时间快速提炼销售观点,并且能做到语出惊人,一语击中要害,一笔而入木三分,这就说明学会正确的电梯演讲是非常重要的。

若电梯销售员开始无法熟能生巧地自己进行语言提炼,那么可以先简单学习套用较为经典的电梯演讲模板,随着演讲次数的增多,提炼语言以及组织方案的能力也会越来越高。

2. 利用产品愿景掌握产品的独特价值

客户咨询产品,是因为对这个产品感兴趣并想挖掘其真正的价值。因此电梯销售员需要学会利用产品愿景掌握产品的独特价值,通过简短交流能敏锐分辨出目标客户及其关注点,以及这个关注点是否切中客户的要害;分析产品愿景中包含的哪些功能可带来什么样的价值,并且解决客户关注点问题;分析产品的独特价值是否与客户关注点相互呼应;分析向客户推荐的电梯类型是否能够最大限度发挥产品本身的价值以及能够顺利解决客户的关注点问题。只要能够全面掌握产品愿景问题,那对于提升电梯销售员的销售成功率具有非常大的好处。

3. 利用销售工具提升营销技巧

电梯销售员若想提升自己的电梯营销方案以及推销方式,可以借助更多的营销技巧来提升营销能力。如电梯产品的宣传资料、说明书、数据统计资料、电梯权威机构评价、电梯产品的市场影响力与订购率、经营部门的专营证书以及市场调查报告等,有时官方的认证或者权威机构的评价比电梯销售员说一百句推销用语都有用。

(二) 电梯销售员需扩展的基础知识

当然,电梯销售员只懂得电梯销售知识是远远不够的,还有很多的知识与经验需要在实践中进行积累。作为一名专业的电梯销售员,可以适当学习一些市场经济学知识,了解电梯市场的分析、预测和开拓方法;可以通过学习了解电梯价格形成与成本核算的基本方法;可以适当学习一些心理学知识，如此在与客户接触与谈判过程中才能"明察秋毫"，以便于通过微小细节或者行动更深层次地了解客户的真实意图；可以适当学习一些"地质学"与"建筑学"知识，因为电梯安装过程中涉及很多土建知识，如电梯销售员现场查看电梯井道土建构造时，若发现井道不符合国家标准，便可及时提出整改或者弥补意见；可以适当学习一些电力电气方面的基础知识，便于在后续的安装现场进行沟通与协调。

作为电梯销售员，建立长期良好的客户关系是销售业务持续上升的关键要点，因为维护老客户有时比开发新客户要更加重要。但无论是维护老客户还是开拓新客户，都要求电梯销售员拥有与客户建立长期关系的技能，这也是电梯销售员必须具备的特质。建立长期良好客户关系的前提条件是电梯销售员拥有较强的责任心和敬业精神、良好的专业知识以及持之以恒的服务态度，从而便于更好地维持老客户、开发新客户。

在电梯客户圈建立客户关系，一般来说主要采用以下方式：

1. 与客户建立联盟，进行电梯产品订制

许多人形容电梯销售过程就是一个层层递进的"金字塔"管理过程，因此电梯销售员需要有足够的耐心与客户保持联系。如今许多电梯销售员都是通过与客户建立联盟来进行电梯销售的，如此可在适当的时机向客户推荐适合的电梯产品或者根据客户的实际需求订制不同类型的电梯产品，以达到提升客户忠诚度的目的。

2. 展示电梯产品优势，引导客户订购符合需求的产品

电梯销售员在推荐电梯时，主要通过展示其产品优势，引导客户对电梯产品产生兴趣，这需要销售员拥有即兴演讲能力，引导并帮助客户正确梳理产品愿景。所谓产品愿景，是指销售员所销售的电梯产品拥有的核心竞争力，它能在特定的场景下为特定的人群提供独一无二的特定服务，而这种特定服务也有助于形成良好的客户关系。

【知识拓展】

圈层营销怎么做

一、圈层营销必备流程

1）成立圈层营销组织，可以是团购部或大客户部；
2）找出与产品定位相符的圈层；
3）找出并接近圈层中的种子或意见领袖人物；
4）通过种子或领袖人物与圈层深交；
5）举办为圈层创造价值的活动；
6）聚合、收网。

二、圈层营销的明显特征

圈层活动是通过目标圈层重要对接人，邀约其亲友参与活动，对其中具有购买能力及人脉价值的客户进行圈层二次挖掘。

三、圈层营销实施有4个步骤

圈层营销重点在于圈层人脉关系的经营管理，其实施有4个步骤：首先建立圈层数据库；其次通过活动建立沟通，获得客户信赖；再次挖掘圈层客户的人脉资源；最后通过建立高效、持续的圈层营销模式达到成交的目的。

四、产品和客户群分析是前提

在项目不同阶段,圈层营销的策略都有不同,但圈层营销的前提是要对产品和圈层客户进行全面、深入的分析。

1. 产品类型和主力客户群分析

产品类型分析很好理解,即根据既定的项目定位、规划产品及市场同类产品品质、供应量、竞争对手品牌等因素,确定主力产品在市场中所处的地位。

主力客户群定位是在产品分析的基础上得出的,主要是指项目的目标圈层客户群。

2. 目标圈层客户群分析

主要是定位圈层客户目标市场、细分目标圈层客户、分析圈层对象人群特征。

(1) 定位圈层客户目标市场　拥有优质潜在客户群体的机构和个人,包括但不限于政府关系类、媒体关系类、金融关系类、商会/协会类、行业领袖类等优质客户资源,并层层挖掘其身边更广阔的人脉关系。

从策略出发,系统开展媒体资源合作的系列动作,进一步开发运用媒体的推广资源、圈层资源和客户召集能力。

(2) 细分目标圈层客户　对目标市场圈层客户的职位等级进行分类,将圈层客户分为四级(A、B、C、D),有针对性进行圈层分类。根据项目产品定位,对不同等级圈层客户进行有针对性的拓展。

(3) 分析圈层对象的人群特征　通过客户接待、调研等方式对各等级圈层客户行业类型、喜好、消费特征、家庭结构等信息进行统计分析,指导举办圈层活动的方向。

【单元自测】

1. 电梯客户与电梯用户的特点有哪些?
2. 电梯客户与电梯用户的关注点分别是什么?
3. 客户关注点发生变化时如何改变营销策略?
4. 电梯客户圈具有哪些特点?
5. 针对电梯客户圈,销售员需要拓展哪些基础能力?

【单元评价】　(见表2-1)

表2-1　单元评价

序 号	知 识 点	配 分	自测结果
1	电梯客户与电梯用户的特点	2	
2	电梯客户与电梯用户的关注点	2	
3	客户关注点发生变化时改变营销策略方法	2	
4	电梯客户圈的特点	2	
5	针对电梯客户圈需要拓展的基础能力	2	

单元二　电梯客户类型

【知识导图】

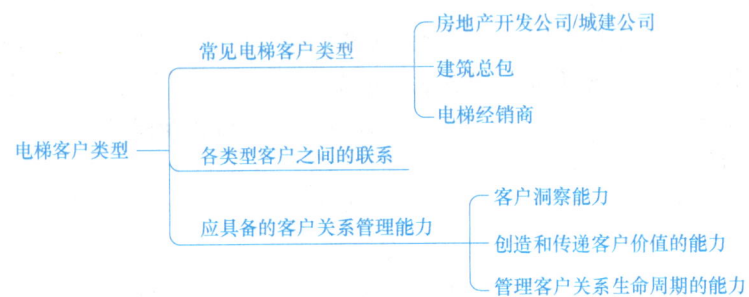

一、常见电梯客户类型

在日常销售业务中，电梯销售员有了明确的商谈目标，才能有机会达成项目合作。这就要求电梯销售员对市场上的电梯客户类型应有初步的认识，目前市场上较为常见的电梯客户类型主要包括房地产开发公司/城建公司、建筑总包以及电梯经销商三类。

（一）房地产开发公司/城建公司

房地产开发公司是指从事房地产开发、经营、管理和服务活动，并以盈利为目的进行自主经营、独立核算的经济组织。

房地产开发公司/城建公司是电梯采购业务中最上游的采购商，它会根据项目的规格、定位、预算、现金流等情况综合评估是否将电梯项目独立运算并进行单独采购。根据市场调查结果显示，电梯在房地产开发项目中独立采购的情况非常多，房地产开发公司会直接与电梯公司或者电梯经销商签订合同。

（二）建筑总包

建筑总包是指与业主签订合同实施工程项目的公司，它既可以承包全部工程，也可以承包工程的某些专业部分。

承包商可以把项目中各种不同因素组合起来，使工程施工进程一体化协调发展，而且集中承担按合同文件规定的时间如期完工并交付使用的全面责任。总承包商对业主承担分包商及其他执行施工合同的第三方的全面责任。

建筑总包是下游的采购商，它主要承接房地产开发公司或者城建公司的整体代建业务，在一些情况下房地产开发公司也会将电梯采购放在总包合同内，由总包单位来垫资批量采购。房地产开发公司会与总包单位在合同中约定由总包单位采购电梯的自由度，个别房地产开发公司也会指定电梯的品牌以及电梯的技术参数，这时将由总包单位向电梯公司或者电梯经销商批量采购电梯。

（三）电梯经销商

电梯经销商是电梯厂家的代理商，它会基于房地产开发公司以及总包单位的项目需求、利润情况来选择性价比较高的电梯公司，这时电梯经销商便会与电梯公司签订经销合同。

众所周知，电梯销售项目及其销售渠道比较分散，电梯公司的分公司一般负责省、直辖市等的广大区域，仅仅依靠电梯销售部门是无法全面覆盖各地的电梯项目的，因此必须依靠各地电梯经销商的力量获得电梯项目详细的资料，电梯销售员也可以依靠电梯经销商的社会关系开拓电梯项目，在必要的时候电梯销售员需要为电梯经销商提供各种支持。电梯销售员前期也可以搜集全国各地电梯经销商的信息，以便于在后期的接触与沟通中建立合作关系。

二、各类型客户之间的联系

房地产开发公司/城建公司、建筑总包以及电梯经销商作为电梯客户三类典型代表，三者之间又是相互联系、相互影响的。房地产开发公司既可以是单独的电梯采购商，也可以采用议标形式将电梯采购业务委托给建筑总包单位，建筑总包单位则可以根据建筑项目的需求直接向电梯公司批量采购电梯，也可以授权电梯经销商向电梯公司订购合适的电梯，电梯经销商则可以根据订单预订与销售状况与电梯公司签订经销合同。反之，电梯公司既可以直接向房地产开发公司出售电梯，也可以与建筑总包以及电梯经销商签订电梯经销合同。这三类电梯客户之间的销售业务是环环相扣的，相互之间存在密不可分的联系。

三、应具备的客户关系管理能力

房地产开发公司/城建公司、建筑总包以及电梯经销商等这些电梯客户的关注点会根据不同类别电梯的采购模式的变化而变化。影响电梯采购模式的因素主要包括主体采购单位、项目的性质、项目安装的进度等，电梯销售员应了解这些因素的可行性变化规律，引导客户达成合作，以达到双赢的目标。从某种程度上讲，一名优秀的电梯销售员其实就是一名拥有优秀客户关系管理能力的艺术家。那么电梯销售员应具备哪些客户关系管理能力呢？

（一）客户洞察能力

所谓客户关系管理能力，指的就是以实施客户关系管理为导向，在经营活动中配置、开发和整合企业内外的各种资源，并主动利用、分析和管理客户信息，从而达到快速满足客户个性化需求、建立以及提升客户关系的目标，以具备更强的竞争力。

电梯销售员所要具备的客户洞察能力指的是通过辨识不同特征的客户、分析客户的偏好以及行为习惯，并从中获取有价值的决策信息的能力。不同电梯销售员的客户洞察能力有可能会受到数据资源、数据分析能力和对分析结果理解力的影响，这就要求电梯销售员养成良好的观察能力与良好的分析能力。此外，电梯销售员还应以客户为中心，并能用实际行动影响客户的购买欲望,事实上电梯销售员的知识结构、服务技巧以及全局观也会最终影响客户的情感与个性化水平。

(二) 创造和传递客户价值的能力

所谓客户价值,是指客户在购买和消费过程中所得到的全部利益,而创造价值就是指生产产品和提供服务;传递价值指的是为客户提供购买和使用便利,同时便于传递产品及企业的信息,以及与客户进行良好的沟通。在电梯销售业务中,电梯销售员需要向客户正确传达电梯产品的优势以及市场价值,同时也要为客户提供准确的购买渠道,从而使得客户能在良好的服务与沟通中享受到高品质产品所带来的便利优势。

(三) 管理客户关系生命周期的能力

所谓管理客户关系生命周期的能力,是指与目标客户发展和保持良好关系的能力。从大量的统计数据分析来看,与目标客户保持关系越好,那么产品销售的生命周期也就越长久,而管理客户关系能力的提升则是一个持续不断的过程。作为一名职业的电梯销售员,应当具备与客户充分交流分析的能力、追踪客户的发展能力,同时还应具备根据交流和追踪的结果针对不同客户提供个性化、情感化服务的能力。除此之外,电梯销售员在提升客户关系管理能力行动的每一个阶段实施前后以及完成后都需要对客户关系管理能力进行一次新的评估,从而达到提升管理能力的目的。

【知识拓展】

房地产企业特性

1. 区域性较强,企业间竞争不完全

房地产又可以称为不动产,不可移动是其重要特性,这就决定了其只能就地开发、利用、消费,受制于其所在的空间环境,不像普通商品可以在各地之间调剂余缺,原料地、生产地、销售地和消费地可以各不相同。房地产的不可移动性决定了房地产市场是区域性的市场,其供求状况、价格水平和价格走势都在区域内决定。而房地产企业的开发经营活动也由此和区域密不可分。许多房地产企业了解某个区域市场,在区域内有大量的土地储备和关系资源,经营状况十分理想,一旦走向区域扩张,往往步履维艰,问题的症结就在此。

房地产的不可移动性还产生了它的另一个特性——独一无二性。房地产不仅仅是一幢房屋,而且和其所处的区位、周边的环境融为一体,消费者在选择房地产时考虑的不止房屋本身,房地产项目的位置和环境也是重要的参数。从这个层面上讲,这个世界上没有两个完全一样的房地产项目。产品的不可替代性决定了房地产企业之间的竞争是局限在一定区域内的不完全竞争。

2. 受土地、资金的高度制约

土地是承载房地产项目的基础,也是进行房地产开发的基础。有没有可供开发的土地,土地位置是否优越,取得土地的价格是否合理,直接关系到一个房地产企业的生死存亡。而资金是任何企业的生命线,房地产企业更是资金高度密集的运作体,从事开发活动需要的资金数额大、周期长，对资金的依赖也就更为明显。一些房地产商甚至将房地产看作一种金融产品，把房地产企业的运作过程理解为"投资、运营、收益、变现、重组、上市"，由此可见其对资金的重视。

3. 高负债，高风险，波动性大

房地产投资所需的资金巨大，动辄数以亿计，且开发周期较长，一般为3~5年，甚至更长，房地产市场供给刚性、需求弹性的特性决定了房地产企业高负债、高风险、波动性大。高负债和较长的开发周期也必将给企业经营带来较大的不确定因素。企业无法预知几年以后市场的供求情况和价格水平，只能根据当前的市场表现来安排投资。当产品投入市场时，供求状况可能已经发生了很大的改变，但由于供给刚性，企业无法在短期内调整供给，这就加大了房地产企业的经营风险和波动性。

4. 与政府关系密切

与政府关系密切是房地产企业的另一主要特性。房地产投资开发活动对一个城市的城市规划、市政建设、市容市貌，甚至经济运行、人民生活都会产生重大的影响。世界各国政府对房地产开发都相当重视，并且出现了政府和房地产企业进行城镇联合开发的案例。

【单元自测】

1. 电梯的主要客户包含哪些？
2. 各类客户之间的关系形态是什么？
3. 电梯销售员应具备哪些客户关系管理能力？

【单元评价】（见表2-2）

表2-2 单元评价

序号	知识点	配分	自测结果
1	电梯主要客户类型	3	
2	各类客户之间的关系形态	2	
3	电梯销售员应具备的客户关系管理能力	5	

单元三 电梯客户关注点

【知识导图】

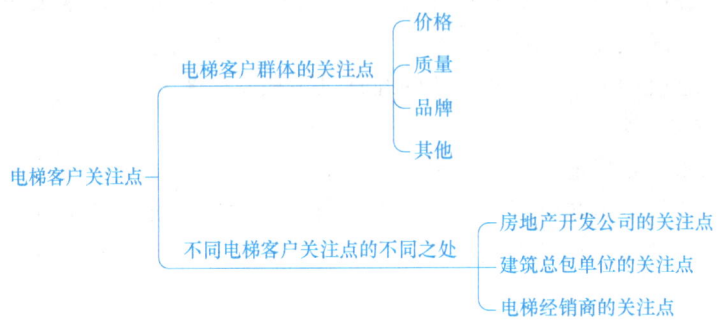

电梯销售业务是非常复杂的，它会随着市场、建筑行业以及客户关注点的变化而处于持续变化中。房地产开发公司/城建公司、建筑总包以及电梯经销商等是电梯销售员需要频繁接触的人，但是由于不同人拥有不同的个性，这些客户的关注点、心情都处于时刻变化中，因此电梯销售员需要与客户保持频繁的沟通，积极促成交易并签订合同，以免变化太过频繁而导致错失重要客户与重要订单。

一、电梯客户群体的关注点

电梯销售员在掌握不同客户关系管理能力的同时，还要学会正确分析不同客户群体关注点的变化状况。大量的市场销售数据统计表明，近些年电梯市场呈现异军突起之势，采购电梯的客户群体也在不断发生变化。以前绝大多数的电梯都是由政府采购，但是近些年房地产开发公司、总包公司以及电梯经销商等也纷纷加入到采购阵列，这些客户群体在某些条件下也可以实现自由切换，房地产开发公司可以委托总包公司购买，总包公司也可以委托电梯经销商购买，而房地产开发公司与总包公司也可以依据施工状况以及资金情况进行独立购买。但是不同采购群体在采购电梯时所考虑的因素以及关注点略有不同，根据统计结果显示，绝大多数电梯客户的关注点主要集中在价格、质量、品牌、工期、服务、交期以及关系等方面。那么不同影响因素的区别主要包括哪些？

（一）价格

根据市场综合统计结果显示，近些年电梯的价格相较前些年有了明显的提升，电梯的质量、参数配比以及保障周期相较前些年也有了大幅度提升。这是因为随着电梯使用群体的增多，电梯公司也在力求突破与创新，在原有电梯的基础上不断升级其应用功能。而市场上在售的电梯由于个性化功能需求不同、配置不同、个性化订制服务不同以及订制数量的不同，故而其最终的成交价格也是千差万别。电梯销售员在与不同群体进行接触时，要学会从细节中获取电梯的用途、参数配置、所需数量以及需要匹配的订制服务等相关信息，以便于适时调整价格和方案，在瞬间吸引客户的注意力。

（二）质量

无论是房地产开发公司还是建筑总包单位在采购电梯时，都会特别注重其质量。因为质量与性价比越好的电梯，其出意外、出事故的概率越低，其使用寿命越长。综合各电梯公司的分析，客户在选购电梯时可以参考以下三方面的因素：

1. 电梯的速度特性

电梯的速度特性主要用振动限度来表示，电梯销售员在向客户推荐电梯时会明确列出振动限度的标准。振动限度主要包括加速度最大值、减速度最大值、起动振动、制动振动、加减速时的垂直振动、运行中的垂直振动以及运行中的水平振动等。符合生产要求的电梯的速度特性都是在国家特种设备规定的标准范围内的。

2. 电梯的工作噪声

每一个乘坐电梯的人都希望电梯速度快且运行稳定，希望它的工作噪声小。工作噪声主要指的是电梯在运行时机房、轿厢内的噪声，以及电梯门在开关时发出的噪声，这些声音统称为工作噪声。按照国家相关规定，表征电梯工作噪声的参数主要包括机房噪声限值、轿厢内噪声限值、门的噪声限值等，这些噪声限值必须经过实验测量才能获知噪声分贝值，噪声分贝值在国家规定的范围内或者更低，说明电梯的质量是符合市场应用标准的。

3. 电梯的平层准确度

所谓平层准确度，指的是载重电梯分别以空载和满载做上、下正常运行时，停靠同一层站的最大误差值，又被称为平层误差。按照国家特种设备检验规定，①0.25~0.5m/s 的交流电梯，平层误差应在 ±15mm 范围内；②0.75~1m/s 的交流电梯，平层误差应在 ±30mm 范围内；③交流、直流快速电梯，平层误差应在 ±15mm 范围内；④直流高速电梯，平层误差应在 ±5mm 范围内。用户在选购时可以参考不同的电梯类型比对相应的平层准确度，以便进一步确定其质量。

（三）品牌

纵观市场上电梯销售情况，绝大多数电梯客户都十分在意电梯品牌的选择。市场上品牌知名度越高的电梯其产品累计销售量也就越大，同时其安装水平以及后期的维修服务相比其他品牌电梯要更趋向于规模化、标准化，部分电梯品牌公司更是建立了全面覆盖的三维营销服务网络，这也是许多房地产开发公司与建筑总包单位更青睐选择品牌电梯的重要原因之一。

（四）其他

除了质量、价格、品牌对于电梯客户群体的决定有较大影响外，其他如工期、服务、交期以及关系等相关因素也会影响电梯客户的最终决策。但是相比质量、价格、品牌这三者的影响要弱一些，某些房地产开发公司与建筑总包单位也有可能会根据这些因素的综合评分进行选择，而电梯销售员在进行电梯演讲时应优先突出相比其他品牌电梯更大的优势，如此方能有助于提升销售战绩。

二、不同电梯客户关注点的不同之处

国家对市场上在售的电梯产品都会进行质量检验，主要检验电梯的设计与各项指标是否符合国家标准。而房地产开发公司、建筑总包单位、电梯经销商作为主要的电梯客户群体，会基于不同的角度以及关注点选购电梯，现在就来简要分析一下房地产开发公司、建筑总包单位、电梯经销商的采购方式发生变化的条件以及主要关注点。

（一）房地产开发公司的关注点

近些年随着经济增长放缓和房地产调控的影响，电梯行业的整体增长趋势有所放缓，但是商业配套设施建筑与批量公共基础设施的大规模扩建又为电梯行业的发展增加了新的需求。

房地产开发公司直接单独采购电梯时，一般都会综合考虑房地产开发项目的建筑定位、营销的策略去对应选择。高品质的品牌电梯不仅可以成为后续房地产开发项目一个重要的营销卖点，同时也是保障电梯公司质量的重要标志。因此，房地产开发公司的关注点主要集中在电梯的质量、工期与价格上，房地产开发公司对于价格的关注度并不是最高的，当然也不能排除在一些城市以及中小型房地产开发公司由于受到当地房价或者资金流的影响，会优先考虑价格因素，在认真比对不同品牌电梯的价格后再行安排订购。

房地产开发公司选购电梯通常是基于项目的用途、定位、预算、工期以及后期是否保留自有物业等因素进行综合考虑的，因此在绝大多数情况下房地产开发公司所要安装的电梯都是单独采购的。房地产开发公司仅会在一些特殊的项目中与建筑总包单位在合同中约定，由建筑总包单位代为采购电梯。

这种采购方式之所以发生变化主要基于以下四种情况：

1. 电梯项目起点定位较低

随着政府加强对民生工程的重视，医疗、卫生、健康以及体育等相关项目也随之快速启动，而配套的电梯设备就成为必不可少的重要设施。但是某些电梯只适用于民用住宅以及基础性建设，因此它的起点定位相对比较低，而房地产开发公司对于电梯项目的要求没有公共设施那么高，这种情况下部分房地产开发公司就会考虑由建筑总包单位直接代为采购电梯。

2. 电梯项目资金流有限

随着现代化建筑高质量产业集群的发展要求，越来越多的高层建筑也开始注重对电梯项目的建设。绝大多数的房地产开发公司在资金充足的情况下会直接联系电梯公司批量订购高质量的电梯，但是部分房地产开发公司可能会由于垫付的资金较多而导致资金匮乏，那么在这种形势下，房地产开发公司就可能委托建筑总包单位代为订购与安装电梯。

3. 电梯项目建成后主要用于租赁而非市场销售

随着国内建筑项目及客户需求量的不断增多，拓展电梯项目产品线以及扩大生产规模已经显得非常紧迫，这也促使许多电梯项目的用途发生了较大改变，原先用于销售或者自用的电梯从市场销售变成租赁使用。对于这种情况，绝大多数房地产开发公司都会优先考虑将电梯的采购事宜全权委托给建筑总包单位，由建筑总包单位根据现场施工状况以及土建情况选择合适的电梯参数，这样既省时又省事。

4. 电梯项目的性质属于公共立项项目

目前我国市场上对电梯的需求主要源于普通住宅、保障房以及基础设施建设，而绝大多数的需求都是以中、低档电梯为主。特别是当电梯项目的性质属于公共立项项目时，如物流仓库、医院、车站等，这些场所安装的电梯一般都是由建筑总包单位直接代为采购。

（二）建筑总包单位的关注点

建筑总包单位所要考虑的内容相比房地产开发公司要更加全面，绝大多数的建筑总包单位都会优先从大局考虑。整个电梯项目的质量、工期以及建筑造价都是其优先考虑的范畴，这些要素对于整个电梯项目的影响相对更大些。因此，建筑总包单位在进行电梯采购时，会优先将价格因素纳入考虑范畴，其次才会考虑其他与建筑造价相关的因素，比如质量、交期、品牌以及售后服务等。

（三）电梯经销商的关注点

作为电梯经销商，它的关注点主要在于盈利，绝大多数的电梯经销商都会综合考虑整个电梯项目的运营情况，会重点关注电梯的价格、质量、品牌，事实上这些因素也是绝大多数经销商一贯的关注点。当然，有部分电梯经销商也会综合考虑电梯的性价比以及电梯厂家对它的支持力度。

综上所述，客户最终是否订购电梯会受到多重不同因素的影响。考虑到这些因素可能会造成的后果，电梯销售员应该根据实际状况进行灵活运用，合理策划电梯销售方案，并根据客户关注点的不同适当调整电梯销售方案。

【知识拓展】

如何理解以顾客为关注焦点

1. 如何理解"顾客"这一术语

英文"customer"一词可以翻译为顾客，也可以翻译成客户、用户、买主等。按 GB/T 19000—2016 的定义，顾客是"接收产品的组织或个人"，顾客可以是组织内部的或外部的。也就是说，顾客不仅存在于组织外部，也存在于组织内部。按全面质量管理的观点，"下一道过程"就是"上一道过程"的顾客。例如：公司采购部是工程部的顾客，客服部是设计部的顾客。

2. 组织与顾客的关系

组织生产的目的，不是为了自己消费，而是为了交换。组织提供产品给顾客，顾客用货币回报组织，双方形成交换关系。因此，组织是依存于顾客的。在市场经济条件下，这是组织和顾客之间最基本的关系。只有顾客认可了、购买了组织的产品，组织才能生存下去；而组织又不可能强迫顾客认可和购买，这样就决定了组织应"以顾客为关注焦点"，用优质的产品吸引顾客。从这个角度看，组织的地位就应该比顾客"低一等"，因此，才有"顾客就是上帝"的说法。

3. 顾客的需求

1)"以顾客为关注焦点"，本质是以顾客的需求为关注焦点；

2）从组织的角度看，要把握的是自己的产品针对的是顾客的哪一层次、哪一方面的需求，是当前的需求还是将来的需求；

3）需求和需要是有区别的。需要是本身具有的，需求是需要的反映，是需要和实际购买能力相结合的产物，是受条件限制的需要；

4）随着社会的发展和科技进步，顾客对产品的需求已呈现五大趋势：

① 从数量型需求向质量型需求转变；

② 从低层次需求向高层次需求转变；

③ 从满足物质需求向满足精神需求转变；

④ 从统一化需求向个性化需求转变；

⑤ 从只考虑满足自身需求向既考虑满足自身又考虑满足社会和子孙后代需求转变。

4. 满足顾客的要求并努力超越顾客的期望

组织"以顾客为关注焦点"就是通过自己的产品去满足顾客的要求并努力超越顾客的期望。

1）顾客的要求是顾客需求的反映；

2）顾客的期望很大程度上是隐含的；

3）"顾客的期望"往往高于顾客的要求。

5. 顾客对组织的回报

组织"以顾客为关注焦点"，最终会得到顾客的回报。这种回报表现在：

1）认可组织的产品及产品质量；

2）购买组织的产品；

3）为组织无偿进行宣传；

4）与组织建立稳固的合作关系；

5）支持组织开展的有关活动。

6. 把握本组织顾客的特点

1）是组织顾客还是个人顾客。

组织顾客和个人顾客是不相同的，组织与前者一般处于合同环境，与后者一般处于非合同环境。

2）是成熟顾客还是不成熟顾客。

组织提供的老产品，面对的可能是成熟顾客，对成熟顾客，组织当然要更小心、更慎重一些；对不成熟顾客也不能放任不管，因为不成熟仅仅是暂时现象。

3）是一次性顾客还是长期固定的顾客。

对长期固定的顾客，组织会想方设法将他们留住。对一次性顾客也不能掉以轻心，因为他们会将组织的质量状况宣传给别人，特别是那些某一顾客可能只买一次产品的生产组织。

4）顾客的文化背景、地域特征、收入状况及消费习惯。

组织开辟一个新的市场，就应当对该市场顾客的各种情况进行深入了解，把握其特点。对特点把握得准确、细致，才能真正"以顾客为关注焦点"。如走高端市场，客户可能最关注的不是价格，而是质量、舒适、方便等。

7. 组织应怎样"以顾客为关注焦点"

1) 组织领导层在思想上真正解决了"以顾客为关注焦点"的认识问题;

2) 组织的方针和发展战略,特别是质量方针和质量目标,充分体现了"以顾客为关注焦点"的原则;

3) 组织的全体员工对"以顾客为关注焦点"的原则已经理解,并已普遍接受;

4) 组织的所有工作都真正体现了"以顾客为关注焦点",特别是质量管理体系的所有方面(方针、程序、要求、过程等)都充分体现了"以顾客为关注焦点",都是从"以顾客为关注焦点"出发的。如建立供应商系统就是为了方便客户,如建立客服回访制度就是为了进一步落实客户满意度;

5) 组织设有与顾客沟通的机构,建有与顾客沟通渠道,并定期或不定期进行沟通;

6) 组织在调查、识别、分析、评价顾客的需求方面,建立行之有效的制度并经常进行,如建立前期客户习惯调查;

7) 组织能及时获得顾客的意见,并能够组织内部相关部门之间进行沟通,包括领导层也能及时得到这方面的信息或报告,如建立客户档案系统;

8) "以顾客为关注焦点"已纳入了组织的管理评审中,定期进行评审并加以改进,如管理评审中的客户满意度调查结果;

9) 顾客的满意度呈提升趋势,如建立客户满意度逐年提升的目标;

10) 组织在满足顾客需求方面经常有新的举措,包括推出新产品和新的服务项目;

11) 对顾客的抱怨处理及时,少有诉之法庭的事,尽量让顾客满意;

12) 所有与顾客有关的工作都能得到持续改进,取得显著成效。

【单元自测】

1. 电梯客户群体关注点有哪些?
2. 房地产开发公司选择电梯时考虑的因素是什么?
3. 建筑总包单位选择电梯时考虑的因素是什么?
4. 电梯经销商选择电梯时考虑的因素是什么?

【单元评价】 (见表2-3)

表2-3 单元评价

序 号	知 识 点	配 分	自测结果
1	电梯客户群体关注点	2	
2	房地产开发公司选择电梯时考虑的因素	4	
3	建筑总包单位选择电梯时考虑的因素	2	
4	电梯经销商选择电梯时考虑的因素	2	

模块三
寻找电梯客户的途径

【情境导入】

电梯作为住宅区、写字楼等高层建筑较为重要的垂直运输工具,近些年在它身上发生的变化是有目共睹的。电梯已经像其他工具一样成为我们日常生活中必不可缺的重要组成部分。数据统计结果表明,近些年电梯的销售量已实现了高速增长,未来电梯行业的发展将会刷新人们对于电梯销售与电梯安装的认知。随着电梯销售行业的火速发展,越来越多的电梯公司也频频向众多房地产开发公司、建筑总包单位以及经销商等客户群体抛出橄榄枝,越来越多的电梯销售员开始加入寻找电梯客户的阵列。事实上寻找并获得电梯客户,是需要有计划、有步骤进行的,销售员从最初与客户接触到后期与客户确定合作,都需要经历无数个过渡期。客户有千千万万,但并不一定是你的目标客户,作为电梯销售员,在开发市场时若不考虑匹配客户,则获取客户的概率将会大幅度下降。那么如何正确地寻找到电梯客户呢?

【情境分析】

寻找电梯客户不仅是开启电梯销售员销售之路的重要征途,也是提升电梯公司产品销量以及市场占有率的重要手段之一。随着加入寻找电梯客户的销售员人数的快速增多,越来越多的电梯销售员也希望改进方法与手段获得更加有效可靠的销售方式。当然,寻找电梯客户是一个常规的销售过程,但是它也是有计划与步骤的。寻找电梯客户的途径主要包含以下三个阶段:匹配客户、获得信息以及借力与促成。从匹配客户开始到如何获取信息,再到最后的借力与促成合作,电梯销售员需要尽力吸收本模块的知识要点,以便于能够高效地争取更多的客户、获得更多的业务机会。

【学习目标】

1) 了解如何匹配客户。
2) 了解获得客户信息的方法。

单元一　如何匹配客户

【知识导图】

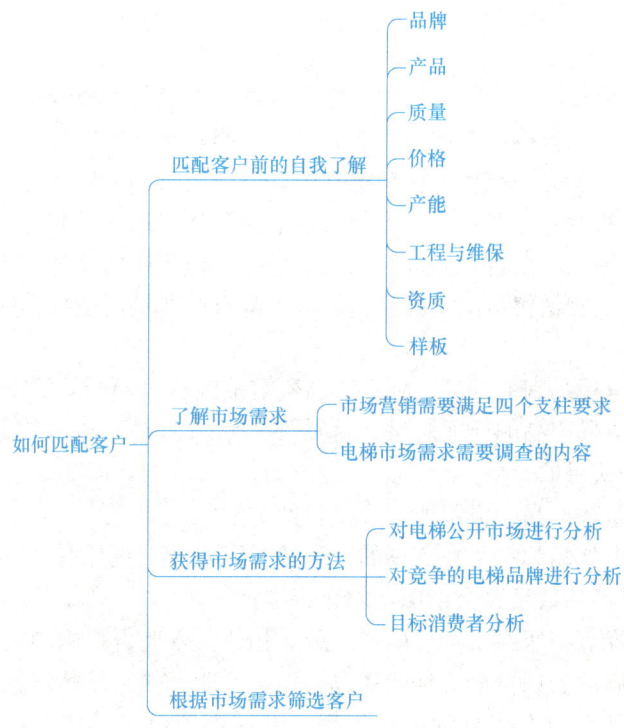

市场上的客户千千万万，但并不都是你的客户，电梯销售员在开发市场时如果不考虑匹配客户，那么他的成功机会将比其他人小很多。精准地达成匹配客户需求的目标，读懂客户需求，使其与产品完成精准匹配，这是电梯销售员需要掌握的基本销售技能。电梯销售员要能从全渠道、多触点搜索客户需求信息，并为不同的客户匹配相适宜的电梯产品。

所谓客户匹配，就是要从客户的角度进行思索，采集客户满意度反馈，把握客户心声，对现有客户以及潜在客户进行细分，明确目标客户的特征以及关键的细分市场，从而挖掘潜在的业务机会，以达到加快客户采购进程的目的。

在销售工作中，让产品匹配客户是非常重要的一个环节，只有切中内心的产品解说才能打动客户。电梯销售员的作用就是将产品的特性与客户的需求对接，从而促使客户产生购买产品的欲望。

一、匹配客户前的自我了解

"中国式管理大师"曾仕强曾说:人要抓住机会,来让对方了解你有什么本事。这个在职场销售工作中是非常重要的,特别是电梯销售员在进行销售业务拓展时,先要学会自省,了解自己有什么。一个人若是稀里糊涂,连自己都无法明确自己有什么,那凭什么去打动客户呢?只有明确自己有什么之后,才能让别人看到自己身上的闪光点,进而被你吸引。

作为一名电梯销售员若想了解自己有什么,一般来说主要从以下几方面进行考量。

(一)品牌

电梯销售员要明确自己推荐与销售的是电梯这种特种设备。随着越来越多的消费者崇尚品牌的力量,故而电梯销售员在开展销售业务前需要明确自己所销售的电梯品牌名称以及该品牌产品在市场上的影响力。市场上在售电梯的品牌与质量都是错综复杂的,电梯销售员只有先熟悉自家品牌的特性,才能在市场上与其他电梯品牌产品一较高低。

基本上所有的电梯品牌在行业内都有既定的定位,但不同的品牌在不同的销售市场影响力还是有所不同的。电梯销售员应全面且透彻地了解自己所销售电梯品牌的各项信息,主要包括以下内容:

1)了解所销售电梯品牌的产品、标准产品覆盖范围、电梯产品的特性。

2)了解所销售电梯产品的全面质量,这需要了解每款产品以及同款产品的不同规格,了解每款产品被市场认可的价格。

3)了解品牌的每款产品的供货能力、交货的周期。

4)了解所销售电梯品牌在所在市场的工程情况以及相应的维保能力。需要了解工程人员的维保能力、维保点的数量以及维保点的分布位置等。

5)了解所在维保点与所在市场、电梯品牌、相关技术监督机构的关系等。

6)了解电梯品牌的各项资质文件的情况,包括企业资质、品牌资质、人员资质等。

7)了解电梯品牌在所在市场的样板工程。电梯销售员应具体了解这些样板工程的地点、性质、数量、规格以及运行情况。

电梯销售员可以通过公司的市场部获取以上信息,从而可以在与客户接触与沟通中快速比对与分析同类品牌产品的特性。

当今许多电梯销售员为了拓展自己对于不同电梯品牌的认知,会大量收集不同电梯品牌在市场上的销售数据。如不同电梯品牌的市场售价、月成交量、市场占有率以及市场营业额增长率等,所了解的电梯品牌越多,对各电梯品牌的优缺点了然于胸,在与客户洽谈时便可适当引入其他品牌进行对比,对比同类价格不同电梯品牌的性价比,找出所销售电梯品牌的亮点。

电梯销售员也可以将所收集的电梯品牌销售数据以书面形式提交给客户。部分客户虽然对电梯市场不够全面了解,但是对于那些知名品牌的交易数据还是有所了解的,没有比拿出实际的销售数据更能说服客户的了。

(二)产品

人们通常所说的电梯产品是服务于规定楼层的固定式升降设备。而随着别墅电梯、医院电梯、载货电梯、自动扶梯以及小机房电梯等多类不同电梯的广泛应用，电梯产品已家喻户晓。作为一名职业的电梯销售员，了解品牌的产品线以及标准产品的覆盖范围是基本的销售技能，若电梯销售员连自家电梯产品的特性都无法阐述，那凭什么让客户心甘情愿地拿钱订购呢？

那么电梯销售员如何尽快了解电梯产品的特性呢？

1. 参与电梯公司组织的各项培训

绝大多数电梯公司都会为不同的电梯销售员定制口才销售、电梯业务知识以及销售技能培训。而电梯销售员若想尽快上岗，就必须准时参与电梯公司组织的各项培训，因为绝大多数的培训讲师都是有多年销售经验的老业务员或者是电梯公司的生产工程师，这些人对于电梯产品的特性非常熟悉，通过培训与沟通将有助于快速提升电梯基础知识。

2. 参与电梯公司流水线生产过程

所有的电梯公司都有加工流水线，电梯销售员若是对于电梯零配件不太熟悉，那么可以参与电梯公司流水线生产过程，可全面了解不同电梯零配件的加工过程以及其相应的组装方法。"纸上得来终觉浅，绝知此事要躬行"，众多的电梯销售员若想在这一行业脱颖而出，就应当知晓亲身体验的重要性，只有自己真真切切尝试一下，才能深刻理解电梯的知识以及加工过程。

3. 积极参与电梯销售会或者研讨会

电梯销售员除了需要在业余时间补充电梯产品的知识外，还可以通过积极参与电梯销售会或者研讨会以获取更多的电梯知识。绝大多数的电梯销售会与研讨会都会针对市场上所有的电梯品牌进行分析，如电梯的承载质量、应用性能以及安装难易度等。

电梯销售员还要基于不同类别的电梯产品全面了解这些电梯产品的特性，因为在进行电梯演讲时是基于电梯产品本身的特性展开的。电梯销售员对于电梯产品的特性了解越透彻、越全面，在进行电梯演讲时将越有感染力。

（三）质量

高品质的电梯产品不仅有着华丽的外观、精美的轿厢，同时还具有超高的产品质量。电梯销售员在推荐产品前，应全面了解产品的质量，产品的质量究竟有多高，并不是靠语言描述便能得到客户的认可的，而是需要详细到让客户了解每个产品线以及每个产品的不同规格。销售员也可以借助某些专业机构的认证证书证明品牌产品的质量，当然，电梯产品所获得质量资格证书越多，那么电梯销售员在进行产品推介与演讲时将更有说服力。

（四）价格

订购一部电梯多少钱，相信所有的客户都非常关心这个问题。作为电梯销售员，要结合不同电梯产品的配置特性为客户提供准确的产品报价，当然，电梯销售员若想成功获取订单，还要透彻了解同类产品在市场上的价格。

简言之，了解品牌每一个产品线被市场认可的价格以及同类产品在市场上的价格是必备的职业销售技能。因为电梯产品的价格定位不仅会影响其市场销售量，还会影响电梯销售员的销售战绩。某些客户之所以一次谈不下来，有可能是因为不满意电梯产品的价格，而绝大多数的电梯公司都会搜集不同电梯品牌的报价，电梯销售员在介绍自家品牌时尽量避重就轻，以产品的优势打动客户，尽量解说产品的优势，因为只有产品优势得到客户认可，才能便于后续商谈电梯产品的价格。

（五）产能

据市场产量统计显示，绝大多数的电梯产品都被应用于新建住宅中。特别是那些新开发的新建住宅都是批量订购电梯产品，这就要求电梯销售员能充分了解自己品牌各产品线与不同规格的供货情况。如果客户批量订购的电梯产品数量超出电梯公司的产能，那么就会影响交货周期。

电梯销售员在进行电梯销售报价时，需要提前了解自家公司品牌产品的产能，如电梯品牌公司的月产量是多少，产线数量是多少，生产人员的数量是多少。客户所订购的电梯台数若是交货期非常紧张，电梯销售员还需要学会评估产品线的产能是否能在规定的合同期内满足交货周期的要求。

（六）工程与维保

电梯销售员应把自己品牌所拥有的信息进行全面剖析，并与市场同类品牌进行比对，从而找到利于销售的优势。如了解电梯产品的工程与维保状况、每个工程线有多少维保人员、这些维保人员的能力如何、有多少个维保点以及这些维保点的分布位置等信息。在与客户进行谈判时这些信息都是非常强大的支撑材料，对于进一步扩大品牌电梯产品在市场上的影响力与在客户心中的地位具有非常重大的作用。

（七）资质

电梯公司在进行品牌产品销售前，都已获得相关资质机构的认可。电梯销售员若想了解自己有什么，那就需要考虑所在市场与公司的品牌、与相关技术机构及监督机构的关系、各项资质文件（包括企业资质、品牌资质）的情况等信息。

众所周知，企业资质与品牌资质越强大，对于电梯销售员拓展销售更有利。如某客户一看到××品牌的电梯，就会感到非常熟悉，了解这个品牌的电梯已取得了什么样的资质、历年的市场销售如何、市场占比如何等。故而电梯销售员在进行电梯推销时，必须牢记电梯企业已获得的资质，并且直截了当地告诉客户，这对于提升客户认可度以及推销成功率具有非常大的好处。

（八）样板

一名经验丰富的电梯销售员应该知道品牌的样板工程对于产品推广的重要性。在进行电梯产品的销售作业时，要认真了解所在市场品牌的样板工程，同时也要深入了解这些样板工程的地点、机型、数量、规格以及柜型等具体情况。而电梯销售员若想获取这些信息，可以从电梯公司的市场部获取，每个电梯公司都会根据各自的目标市场推出主力产品。

二、了解市场需求

"了解市场需求是什么""如何去了解市场需求是什么"，这些基本功课都是每一个电梯销售员必不可缺、必须要完成的。俗话说得好,"市场需要什么我们就卖什么","顾客需要什么,我们就生产供应什么",事实上无论是电梯企业还是其他生产型企业都是以市场需求为导向的,因此电梯企业的一切计划和策略应以消费者为中心,从而便于正确确定目标市场的需要与欲望,这相比竞争更能有效满足顾客的需求。

(一) 市场营销需要满足四个支柱要求

目标市场、整体营销、顾客满意以及盈利率是市场营销的四个支柱。电梯销售员若想在较短时间内突破市场壁垒,那么必须准确定位目标市场,而所谓的目标市场就是电梯销售者将电梯市场进行细分,并且把整个潜在的电梯市场分成若干份,根据电梯产品本身的特性,选定几部分或者某部分的客户作为综合运用各种市场策略所追求的销售目标。众所周知,客户的需求是无限的,但是电梯企业所生产的电梯产品是有限的,因此电梯销售员需要选择某部分特性作为目标市场。

近些年国内市场相对需求不大的高端电梯产品均被外资品牌垄断,很多住宅建设区都要求安装进口电梯。在这种情势下,电梯销售员在准确定位目标市场后,需要依据市场的实际情况构思可靠的营销思路,并且转变传统的营销思路,不要再把电梯销售工作当作简单的市场买卖交易行为,这一观念必须要改变,而电梯观念的改变需着重从以下几方面着手:

1. 综合考虑多个相关环节的要素

电梯销售相比其他类别的销售业务拥有更强的综合性、专业性与操作性。它的销售与安装是环环相扣、紧密相连的,电梯产品的设计、质量条件以及销售技巧等都是一环扣一环的全过程经营,同时它还具体到安装区的整体规划、建筑设计、项目施工以及楼宇改造等多个不同的环节,市场销售也需要通过考量这些要素才能确定后期具体的工作。

2. 调整销售行为以适应市场的变化要求

部分电梯销售员习惯将电梯项目当作普通的产品进行销售,这就容易导致电梯企业的销售水平不断下降。而造成这种现象的原因主要有以下三点:

1)电梯销售员无法准确把握广告策划与设计、市场调查方法、销售推广手段以及合同制定等多方面不同的因素。这种杂乱无章的操作手法特别容易导致电梯项目无法满足不同市场的变化要求,而改变销售观念以及调整销售行为则是快速适应这种变化的先决条件。

2)少数电梯销售员习惯依靠维护客户关系的方式来销售产品。而电梯销售者自身又存在专业水平差、销售知识贫乏、个人素质较低等现象,这些现象都会导致电梯销售员无法真正深入了解市场需要什么样的电梯品牌。

3)某些电梯企业在市场上相互压价、相互欺骗,有的电梯销售员只顾销售,从而忘记了企业的利益以及电梯品牌的声誉。因此,电梯销售员需要改正这些习惯,并且仔细摸清市场的需求,以满足市场需求为实质导向提升电梯产品的质量与服务。

3. 理顺电梯销售概念以契合市场需求

电梯销售员要真正理解"销售不是卖而是买"的概念。因为电梯销售买进来的是客户的意见和建议,销售员可以根据客户的意见和建议改进整体产品的营销方案或者安装方案,并且在最后能够得到用户的信任和支持。电梯销售员只有真正理顺电梯销售概念才能直击市场需求中心,电梯项目的销售不以卖求买,也不能以卖强买,而是以买促卖。从这个角度来说,电梯销售员若是能擅长倾听客户的意见与建议、重视市场的需求变化,比单纯将电梯产品卖出去更有意义。总而言之，作为电梯生产企业与电梯销售员要重视用户的反馈与市场需求，不断改进产品与提升服务质量，从而使电梯项目的营销方案能真正满足用户的需求。

（二）电梯市场需求需要调查的内容

众所周知，构成电梯市场的要素有很多，电梯销售员在全盘掌握市场需求后，还需要深入掌握不同市场结构的变化情况。掌握电梯市场的需求建议从以下几个方面着手：

1. 经济走势

电梯销售员需要了解当地的经济走势，如人口、年龄结构、GDP 趋势等。不同地区的人口分布以及流入流出的人口结构相差较大，而人口流动的规模与流向又是构成劳动力的主要因素，若人口增长率降低，则会导致 GDP 增长趋势放缓；年龄结构的变化也会影响 GDP 发展趋势，若某地区人口老龄化严重，那么该地区的 GDP 增长趋势相比其他地区就要放缓，对建筑住宅以及电梯的需求量也会随之下降。反之，GDP 增长趋势较强的地区，当地政府为了加快房屋住宅的建设进程，将会批量订购更多品牌电梯，从而加快当地 GDP 的增长速度。

2. 政策走向

电梯销售员在开展电梯项目销售时，还需要全面了解当地政府关于房地产的政策走向以及对于电梯安装的态度等。当今某些地区政府为了加快当地房屋住宅建设的进程，提出了电梯安装补助服务政策，在已预留电梯井道内加装电梯，每加装一部电梯便会给予相应的补助。但是有些地区政府对于预留电梯井道内加装电梯是持反对态度的，虽然加装电梯会有一定的补助，但是还要考虑到后续的安装费用、保养费用以及安全隐患排查费用等，若该地区过于贫瘠或者资源有限，那么对这些地区的电梯销售业务就要持保留态度。

3. 土地拍卖情况

电梯销售员在与客户商谈电梯安装项目前，还需要了解当地土地拍卖的情况以及项目的个数。如今许多地区的土地拍卖规则都发生了翻天覆地的变化，多个核心城市的土地拍卖被按下了"暂停"键，若电梯销售时碰到这种状况是非常不利的，不但会耽误工期，还会给客户以及电梯企业造成巨大损失。因此，提前进行土地拍卖情况调查，全面掌握土地拍卖进度以及项目个数，以便于进行短期电梯项目评估。

通过对项目数量进行比较，便可以分析出当地的电梯市场状况以及常规的工期长短等，而对电梯市场的配套调查主要包括电梯配套行业发展状态报告、电梯配套可行性分析、电梯配套市场预测、电梯配套销售渠道以及电梯配套产能调查等多个方面不同的内容。除此之外，电梯销售员还可以根据历年的土地拍卖情况获取当地电梯配套市场竞争格局，这时便可以通过分析获取电梯配套市场集中度、电梯配套竞争对手市场份额、电梯配套成本以及电梯配套容量等信息，拥有了这些信息，便可借助这些信息完善短期电梯项目评估要求。

4. 房地产开发公司

通过当地土地拍卖情况还可以了解房地产开发公司的土地获得量以及房地产开发公司的清单。众所周知，房地产开发公司是电梯项目的主导者以及主要采购者，电梯销售员在获取房地产开发公司清单后，便可以有针对性进行特定销售，这比漫无目地搜索客户以及通过市场划分筛选有效客户要更有价值，这种拓展客户模式也被许多电梯销售员形象地称为"精准获客模式"，它有助于提升电梯销售项目的成功率以及品牌电梯的销售量。

5. 其他品牌表现

电梯销售不能故步自封，还需要学会调研市场同类品牌。而较为快捷的方式就是通过中标信息以及现场调研去了解其他品牌在当地的表现，通过搜索与比对其他销售比较火爆的品牌有哪些，这些品牌通常采用什么样的规格与配置，这些品牌电梯的销售量如何，以及其市场占有率如何，等等，从而从对方的信息线索中提炼对自己有利的信息。"知己知彼，百战不殆"，说的就是在激烈的斗争中，既要全面了解自己，又要全盘掌握对方的情况，如此方能有利于后续经营决策的快速展开。

6. 房价

经常关注电梯价格的电梯销售员也应特别关注不同地区的房价。因为了解当地的房价，通过中标公司对应电梯的中标价格来分析当地的房价与电梯价格的逻辑关系，同时还可分析出电梯的造价占房屋建筑开发总价的百分比，这些信息对于后续进行电梯报价具有巨大的指导意义，借助这些信息还可以帮助电梯销售员去推测不同客户群体的预算。通过中标信息还可以获得当地建筑总包单位与电梯经销商的清单，通常中标率比较高的中标单位或经销商若是与某电梯公司品牌具有较高的信息匹配度，那么就有可能成为目标客户。

寻找目标客户的方式是多种多样的，但是目标客户较为简便的寻找方法就是通过中标记录或者市场需求来寻找。每个地区都会有往年电梯项目的中投标记录，获取这些中投标记录信息，再加上所搜集的市场需求调查信息，如经济走势、当地政府对于电梯项目的政策走向、历年的土地拍卖情况、房地产开发公司清单、其他品牌的表现以及当地房价状况等。通过对这些信息的搜索与整理，便可以快速找到切合点并对目标客户群体进行筛选与锁定。

三、获得市场需求的方法

作为一名成熟的电梯销售员，一定要根据市场情况以消费者的需求为销售方向。在前期进行资料搜集时就要了解市场到底需要什么，但是有些电梯销售新人对于如何了解市场需求比较茫然。一般来说，了解市场需求建议从以下几方面着手：

（一）对电梯公开市场进行分析

1. 通过数据统计与分析吃透这个市场

电梯市场容量： 电梯销售员需要根据当前电梯市场的销售量与交易额对它所占有的市场大小进行简要分析，如此便可快速获取电梯市场的容量，从而深入分析当前的电梯市场是否还有空余的容量进行再拓展。

电梯市场的发展阶段： 电梯与其他产品一样也经历了起步期、成长期、高速增长期、成熟期等多个不同阶段。电梯销售员需要根据所获取的数据确定电梯市场属于成熟期、衰退期或者其他时期。

电梯行业格局： 每一个行业都有固定的发展格局，因此电梯销售员需要根据市场状况以及数据统计确定当前的电梯市场是垄断型、分散型还是集中型。针对不同的行业格局再采取针对性的营销措施。

电梯市场细分： 电梯销售还需要细分不同的领域，电梯在哪些领域的应用率较高，那么电梯销售员便可有针对性地选择相适宜的行业或者企业进行推销。

电梯供需状况：电梯销售员还需要学会分析供给和需求充裕的程度，这也是了解市场需求的前提条件。只有了解不同地区的供给和需求状况，才能达成快速营销的目的。

电梯价值链：对电梯公开市场的分析还需要了解电梯行业整体价值链是怎样的。

电梯市场竞争情况：深入了解电梯品牌的主要竞争者以及各品牌的盈利水平。

电梯市场趋势：深入分析电梯行业的市场发展趋势。了解市场发展趋势后便可有针对性地调整市场营销策略或者制定更加稳妥的营销方案。

2. 寻找电梯市场中的关键要素

每个行业之所以获得成功，都有关键要素在影响它。如酒水行业是受电子商务冲击比较晚的一个行业，因为酒水的物流是很大的问题，易燃易爆品不宜采用快递方式寄送，所以掌握这个行业发展的关键要素是减少物流配送的成本。而电梯市场成功的关键要素就是人们对于房屋住宅的需求量上涨，同时现今许多人都特别反感爬楼梯，这也是导致越来越多的房屋住宅积极安装电梯的重要原因之一。

越来越多的人倾向于订购安装电梯的住宅，可以方便老人与孩子出行，安装电梯的住宅相比步梯住宅更有利于保障老人与小孩的安全。

3. 市场发展背后的核心动力

电梯产品的革新与发展也是促使其市场积极发展的重要动力。现在的电梯产品更新换代的速度非常快，同时它的营销策略也不断推陈出新，这也是电梯销售员觉得业务难做的重要原因之一。但是，相对而言房建大客户的进入仍然可以推动电梯市场进入新的发展阶段，再加上政府政策、法规的变化等也在积极推进电梯产品的发展。电梯销售员在了解电梯市场发展的动力后，便会明白市场需要什么样的电梯产品，电梯销售应该从何处着手。

（二）对竞争的电梯品牌进行分析

一个企业的成功并不仅仅依靠自身的发展实力，有时还需要重要的策略作为支撑。但是，若依靠对手制定营销策略，这对企业的持续性发展是不利的，分析竞争对手品牌产品是为了了解对手以及洞悉对手的市场策略，有时也需要根据对手的营销策略调整己方的营销策略。这就要求电梯销售员学会搜索竞争电梯品牌的数据，并进行流量分析、性能分析以及价格分析。

（三）目标消费者分析

无论是电梯产品还是其他产品都有固定的目标消费者，因此想要透彻了解市场需要什么，就要进行目标消费者分析。这种行为心理学也是电梯销售员需要掌握的技能之一，而针对目标消费者的分析，建议从以下几方面着手：

1）确定影响消费者行为的因素；
2）为目标消费者画"像"；
3）深入研究消费者的购买决策；
4）消费者行为思考；
5）深入各企业进行内部访谈。

电梯销售员在深入学习"了解市场需要什么""如何去了解市场需要什么"后，对于电梯市场的发展动态以及具体的研究方法便能做到心中有数。这对于后续分析市场发展动态以及消费者行为具有非常大的好处,同时也可帮助电梯销售员深入了解客户的洽谈心理。

四、根据市场需求筛选客户

销售人员根据所获得的信息以及手中的资源就可以去匹配目标客户,像房地产开发公司、建筑总包单位以及经销商中都有可能存在目标市场或者关键客户。每一个市场的电梯品牌业务模式都有可能存在较大不同,因此不同的电梯品牌在同一市场的目标客户也是不尽相同的。

电梯销售项目主要针对的是一类市场,也有可能是一类客户。根据市场需求以及对自我信息的分析与整理,便能找到相互融合的部分,并因此锁定目标市场与关键客户。

综上所述,作为一名有丰富经验的电梯销售员,一定要学会培养自己的市场概念,而不是将自己局限于单个项目的思维里。因为电梯销售的目标是通过最少的关键客户去覆盖最大的目标市场,这对于电梯销售员来说相当于以最少的时间获得最大的电梯市场回报,因为时间对于每一位销售员来说都非常宝贵,有时甚至需要分秒必争,有时甚至会在下一分或者下一秒刷新销售记录。

【知识拓展】

教你三步对接大客户

我们都知道,现在的企业越来越不好做,但是大多数企业,并非在生死边缘挣扎,而是在进退之间徘徊。前景被浓雾遮蔽,市场仿佛变成了一条路况不明的山路,既不知道通向哪里,也不知道企业的经营效能可以在这条路上走多远。

人的精力和资源永远是有限的,不可能对每一个客户都平均地投入,集中优势资源,帮扶优势客户,才能获得较多的收获。

有可能你习惯了传统的营销方法,在提高产品(服务)品质的同时降低价格,做好售后服务。一旦完成了这套销售流程,至于以后会怎么样,一般会考虑得很少。

你需要按照以下步骤,提升客户合作空间。

第一步,分析客户需求。

客户需求一定有差异,找到这些差异,就可以提供个性化的配套方案。营销不仅是卖出东西,更是买进意见。你必须更了解客户,才能对症下药。所以,信息沟通渠道必须畅通。掌握的信息越及时、越准确,你的主动性就越强,成功销售把握就越大。

下面9个信息点需要了解清楚:

1) 项目合作推进的步骤是什么?关键难点是什么?
2) 客户的采购流程是什么?采购的重点是什么?
3) 你在客户组织结构中的支持面有多大?
4) 客户在合作项目中的决策结构是什么?决策结构中每个人的影响力有多大?
5) 客户的资金和信誉情况。
6) 客户合作的本质原因是什么?真实的需求是什么?
7) 各方参与者可利用的资源情况。

8) 竞争对手的情况。

9) 战略合作的关键要素是什么？可变因素有哪些？

第二步，建立专业团队。

从普通的销售关系到合作伙伴关系的转变，是大客户管理的核心所在。因此，你必须组建专业的大客户服务团队。

组建大客户服务团队的必需成员往往包括：大客户经理、销售支持、市场支持、技术支持、财务支持和培训支持等。

例如，公司的设备专家、技术专家、包装设计专家、人力资源专家甚至财务专家，一直频繁地往返于本公司和它的客户之间，共同深入生产和市场一线，共同发现问题，寻找解决问题的方法，有时还一起接受培训，开联谊会、庆功会。

作为销售员，不能只接触项目的关键负责人，因为他只是一个"点"，要把接触由"点"转换为"面"，合作关系由个人转为团队，这样才更加牢固和紧密，即便单个接触点上有所变化也不会影响全局。

第三步，持续跟踪。

销售员要想方设法嵌入到客户的营销环节中，结成利益共同体。

例如，企业可以无偿援助式地以公司的丰富经验、过硬的专业素质、高度责任感和投入感来帮助客户成长。

客户还有什么理由拒绝你吗？

销售员要分清什么是第一位的，什么是对你最重要的。

如果你这样做了，你的所有客户都可能成为你的大客户。

【单元自测】

1. 电梯营销匹配客户前需要对自身哪些信息进行了解？
2. 电梯营销需要满足的四个支柱要求是什么？
3. 电梯营销市场需求需要调查的内容是什么？
4. 获得市场需求的方法有哪些？

【单元评价】 （见表3-1）

表3-1 单元评价

序 号	知 识 点	配 分	自测结果
1	匹配客户前需要了解自身的信息	3	
2	电梯营销需要满足四个支柱要求	2	
3	电梯营销市场需求需要调查的内容	2	
4	获得市场需求的方法	3	

单元二 如何获得客户信息

【知识导图】

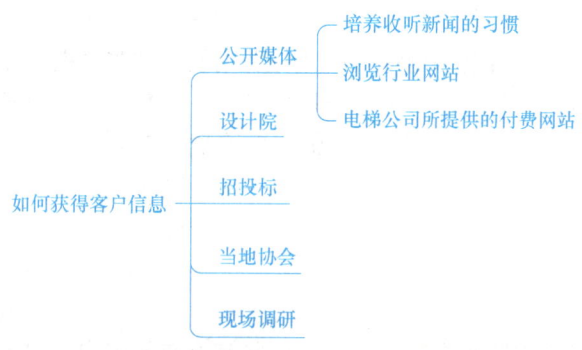

电梯销售员在电梯业务销售过程中还有可能碰到"如何获得客户信息"这个问题。部分电梯销售员虽然知道招标或者查找历年的中标记录可以查询客户信息,但是有些地方的客户信息是保密且不对外公开的,这就要求电梯销售员在实战演练中能激荡思维,通过合法合规的方式获取更多的客户信息。据市场调研分享反馈表明,获得客户信息的方式还是非常多的,而目前在电梯销售业务中较为有效的信息获取方式主要包括以下五种:

一、公开媒体

众所周知,公开媒体是获取宏观信息与市场趋势的主要途径,也是现今较为流行的,它主要来源于新闻、行业网站以及付费网站等。特别是网络飞速发展的今天,越来越多的人更是借助新闻、行业网站以及付费网站等公开媒体的力量快速获取了个人所需的信息。

当然,电梯销售员也可以通过这种方式获取更多有关电梯安装项目的信息或者房建信息。现在就电梯销售员掌握获取公开媒体信息的技巧与方法作简要阐述与解析。

(一) 培养收听新闻的习惯

一般来说,公开媒体收集信息的方式主要是听与看。无论是销售电梯还是其他产品,销售人员都应该在日常生活中培养自己收听新闻、看新闻的习惯。如把自己车上的广播频道设置为当地的新闻电视台,这样就可以在开车途中收集更多当地的经济、民生信息,这是一种非常高效的民生收集法,同时它对于后续的销售洽谈或多或少都会起到一定的帮助。

(二) 浏览行业网站

鲁迅有一句名言,大家都非常熟悉,"时间就像海绵里的水,只要愿挤,总还是有的。"

许多销售员每天忙忙碌碌，但是总感觉一无所获，若每天愿意挤出一些时间去学习，那么这些知识总有一天能派上用场。

每天利用碎片时间浏览电梯行业网站，这是很多优秀销售人员长期养成的良好习惯，每日浏览一点点便可积少成多，同时也便于电梯销售员快速抓取行业尖端资讯以及相关政策变化要求，这对于持续开展电梯项目的销售业务具有积极的促进作用。有时在与客户谈判的过程中，也有可能涉及这些行业网站所提及的信息，总之电梯销售员了解越多行业知识，那么在电梯销售业务中越容易展现自信和风采。

（三）电梯公司所提供的付费网站

有部分电梯公司会提供给电梯销售员一些付费网站，这些付费网站通常会涵盖很多项目的公开信息。而拥有市场视角的销售员，可以尝试换一个角度去阅览这些信息，如站在电梯市场发展的角度去挖掘这些信息的潜在价值，学会将这些项目信息提炼成对自己有用的线索。

二、设计院

活跃在电梯营销岗位的销售员都知道设计院是获取有效客户信息的主要途径。电梯销售员通常可以通过与设计院的销售员、建筑设计师达成联系，准确地说是达成长期合作关系，从中可获取其所承接项目中可公开的信息，一般来说，采取这种方式获取信息既全面又有非常高的准确性。提前获知这些信息对于后续参与电梯项目的招投标作业有巨大的指导意义。

但是通过设计院渠道获得客户信息过程中需要注意获得信息的合法性，敏感性的信息或有可能存在敏感嫌疑的信息、非法渠道获得的信息要避免。

三、招投标

通过招投标是另外一种获取客户信息的途径，关注招投标网站、关注招投标代理的老师并与其招投标代理公司的老师建立良好联系，电梯销售员也可以通过招投标现场获取大量的信息。电梯销售员若是有闲余时间，可以隔段时间登录招投标网站或者去招投标现场搜集有效信息。

四、当地协会

当地房地产协会被许多人称为"信息仓库"。电梯销售员可以抽出时间定期去参与当地房地产协会的一些活动，在活动现场可以认识一些关键客户中的关键人物，这也是获取精准信息的有效途径，这种效率将会远远高于陌生拜访。

五、现场调研

现场调研相比其他获取方式效率要略低些。若想获得高效的调研方法，电梯销售员需要有计划、有针对性地去查看一些电梯的维保单位。通常来说，这些维保单位都是当地有实力的经销商，那么电梯销售员便可以从中获取一手经销商的信息。在获取经销商信息后便可以抽丝剥茧打开销路，事实上现场调研对于销售员来说是必不可缺的重要技能。

【知识拓展】

《中华人民共和国刑法》（节选）

第二百一十九条 【侵犯商业秘密罪】

有下列侵犯商业秘密行为之一，情节严重的，处三年以下有期徒刑，并处或者单处罚金；情节特别严重的，处三年以上十年以下有期徒刑，并处罚金：

（一）以盗窃、贿赂、欺诈、胁迫、电子侵入或者其他不正当手段获取权利人的商业秘密的；

（二）披露、使用或者允许他人使用以前项手段获取的权利人的商业秘密的；

（三）违反保密义务或者违反权利人有关保守商业秘密的要求，披露、使用或者允许他人使用其所掌握的商业秘密的。

明知前款所列行为，获取、披露、使用或者允许他人使用该商业秘密的，以侵犯商业秘密论。

本条所称权利人，是指商业秘密的所有人和经商业秘密所有人许可的商业秘密使用人。

第二百五十三条之一 【侵犯公民个人信息罪】 违反国家有关规定，向他人出售或者提供公民个人信息，情节严重的，处三年以下有期徒刑或者拘役，并处或者单处罚金；情节特别严重的，处三年以上七年以下有期徒刑，并处罚金。

违反国家有关规定，将在履行职责或者提供服务过程中获得的公民个人信息，出售或者提供给他人的，依照前款的规定从重处罚。

窃取或者以其他方法非法获取公民个人信息的，依照第一款的规定处罚。

单位犯前三款罪的，对单位判处罚金，并对其直接负责的主管人员和其他直接责任人员，依照该款的规定处罚。

【单元自测】

电梯营销获得客户信息的渠道有哪些？

【单元评价】 （见表3-2）

表3-2 单元评价

序 号	知 识 点	配 分	自测结果
1	电梯营销获得客户信息的渠道	10	

模块四
电梯选型

【情境导入】

电梯产品的选型是一个综合性比较强的作业过程，它需要电梯销售员能够深刻理解电梯客户的需求，从而达到帮助客户正确选择相匹配电梯型号的目的。那么应该通过什么方法才能为客户正确地匹配合适的电梯呢？

【情境分析】

当寻找到客户后，我们会为客户匹配合适的电梯产品，但是在匹配产品过程中，销售员经常因为不能深刻了解产品选型的意义，而在销售产品过程中走入了误区，最终导致销售业务失败。我们通过了解电梯产品选型的意义、常见选型误区，并学习如何通过电梯项目用途与定位、电梯客户预算、工程周期需求等来选择合适的电梯产品。

【学习目标】

1) 了解产品选型的重大意义与误区。
2) 了解电梯产品选型的依据。

单元一　产品选型的重大意义与误区

【知识导图】

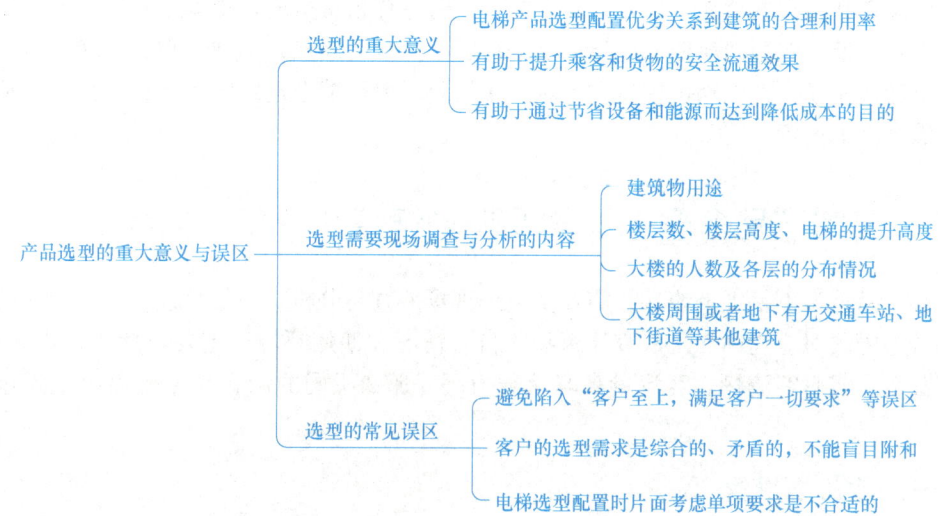

一、电梯产品合理选型的重大意义

（一）电梯产品选型配置优劣关系到建筑的合理利用率

众所周知，无论是货运电梯还是载人电梯，都需要依附建筑物而存在。而电梯产品选型配置的优劣程度将会直接关系到建筑物的合理利用率，特别是现今绝大多数的建筑物都是高层现代化建筑，优良的电梯选型配置将会大大有助于增加建筑面积的利用率。这也是越来越多的电梯销售员在进行电梯产品选型配置前，需要对现场建筑物进行全面调研的重要原因之一，它需要匹配建筑面积以及建筑环境，以避免造成资源的不必要浪费。

（二）有助于提升乘客和货物的安全流通效果

电梯产品选型之所以重要，是因为优质的电梯产品选型配置有助于提升乘客和货物的安全流通效果，还可帮助乘客和货物在建筑大楼内快捷、安全、便利地进行流通。如某些观光电梯安装在室内或者室外时，既要便于乘客通过电梯玻璃轿壁观赏外景，又要满足单次乘载要求。

绝大多数的观光建筑都非常高，其单日载流量相比普通电梯要更高些，因此电梯销售员在为客户匹配观光电梯时，不仅需要考虑其观光类型的选择，还需要根据建筑物的使用环境匹配机房。现今市场上使用的观光电梯主要有单平面观光、直角平面观光、三平面观光、四方透明观光、扇形观光、半圆形观光、360°全圆形观光等，而若是普通的住宅电梯或者乘客电梯则可直接订做成平面或直角观光。

（三）有助于通过节省设备和能源而达到降低成本的目的

优质的电梯产品选型配置有助于通过节省设备和能源而达到降低成本的目的。电梯产品选型不仅要考虑轿厢的美观性，还需要考虑设备和能源的使用情况。如医院的电梯使用率非常高，其设备和能源的消耗量也是非常大的，这时电梯销售员需要根据不同医院的人流量选择设备损耗率低、能源消耗低的电梯产品进行匹配。众所周知，不同类别的电梯都有其功能配置要求和适用场合，电梯销售员在现场收集资料后要反馈至建筑师、电梯工程师以及客户处进行综合考虑配置。

二、电梯产品合理选型需要现场调查与分析的内容

电梯产品选型不是纸上谈兵，需要反复地现场调查与分析。一般来说，电梯销售员在进行电梯选型配置时应提前深入研究建筑物的自身情况和使用环境，主要包括建筑物的用途、规模、高度、当日客流量、客流量高峰承载力等。那么不同的调查与分析内容主要包括哪些呢？

（一）建筑物用途

电梯销售员在与客户商谈时需要明确建筑物的用途。一般来说，建筑物主要包括办公楼、住宅、百货商场、医院、图书馆、车站以及酒店等，这些不同用途的建筑物对于电梯产品选型配置具有非常大的影响，如百货商场既可以选择乘客电梯，也可以选择观光电梯或者自动扶梯。某些多功能、多用途的综合性建筑还需要分别考虑不同建筑物的特色以及使用要求，再如普通的办公楼还可以细分公司专用电梯、分区出租电梯、公用电梯等，因为建筑物用途多种多样，无法用语言准确描述，这就要求电梯销售员深入现场环境进行仔细调研。

（二）楼层数、楼层高度、电梯的提升高度

电梯产品选型配置还需要详细查阅客户所设计图样的楼层数与楼层高度。因为楼层数、楼层高度等均与电梯的提升高度有着密不可分的关系，假如楼层数非常多且楼层高度非常高，那么建议选择超高楼层电梯，同时还要恰当选择超高楼层电梯的台数、容量、运行速度以及控制方式。因为超高楼层电梯一旦定型安装，后期再想增加或者改型都是非常困难的。同时，电梯销售员应该了解超高楼层电梯可能涉及的长行程运行超出国家标准的情况，这些需要在电梯产品造型配置时避免。

目前绝大多数超高层建筑都是采用多梯系统，这是为了提高电梯群的使用效率，并且能让电梯以最快的速度满足乘客的需要。超高层建筑即使搭坐电梯也需要较长的时间，采用多梯系统便于缩短乘客的等候时间，现在许多电梯安装公司都是采用微机电梯控制系统进行控

制，它主要是通过集中的计算机处理系统批量处理多梯系统的升降申请，并且以此为依据判断各站台的呼叫信息以及其他电梯的位置、开闭状态以及轿厢内呼叫等其他状况。

（三）大楼的人数以及各层的分布情况

如今许多企业都是租赁写字楼作为办事处，因此就导致写字楼人数以及各层的分布情况比较复杂。因此，电梯销售员在为写字楼配置型号时还需要仔细考虑不同楼层的工作人数，假若有残疾人，还需要单独设置适宜的轿厢尺寸、开门宽度以及操纵盘等，以便乘坐轮椅的乘客或者盲人进出操作。

（四）大楼周围或者地下有无交通车站、地下街道等其他建筑

电梯产品选型配置作业还需要观察大楼周围以及地下层的情况，至少要确认大楼周围或者地下有无交通车站、地下街道等其他建筑，因为地下若存在交通车站或者地下街道，将会大大增加人流量，高峰期甚至有可能出现人流量翻倍增长的情况。

总而言之，电梯产品选型配置除了与建筑物用途、楼层数、楼层高度、电梯的提升高度、大楼各层分布情况以及周边建筑息息相关外，还需要考虑各层的有效使用面积、用途以及所使用的地板面积等其他信息。当然，电梯产品的选型作业除了需要考虑建筑物的自身情况和使用环境要求外，还需要综合考虑客户对于电梯规格、外形以及成本等各方面的要求。

三、电梯产品选型的常见误区

电梯销售是非常复杂的动态选择过程，许多销售员也因此陷入某些误区，这种误区的产生会直接影响后期的电梯安装与售后服务。因此，销售员需要认真学习有关电梯销售配置选型的知识，从而避免陷入某些选型误区而不自知。

（一）避免陷入"客户至上，满足客户一切要求"等误区

许多电梯销售员面临销售业绩压力时有可能陷入某些误区，如"客户至上，满足客户一切要求"。这部分电梯销售员认为满足客户需求就可以快速获取更多的业务机会，但是这种需求的满足有可能会给电梯销售业务带来某些风险，严重时有可能会影响与客户的合作关系，甚至痛失下一次合作的机会，也有可能会直接失去这个客户。

这对于长期电梯业务销售来说是非常不利的，事实上客户至上并不等于满足客户的一切要求，因为电梯销售员销售的不是一台电梯，而是一个电梯项目工程，通常情况下电梯销售不是一个个案，而是一个组织。组织里的电梯项目并不是一蹴而就，并不是由单个人的决策决定的，它需要综合考量招标结果以及房地产开发公司的建筑成本。

（二）客户的选型需求是综合的、矛盾的，不能盲目附和

客户所提出的需求是由组织内部的多个个体的要求综合而成的，通常情况下是笼统的、不明确的，甚至是矛盾变化的。由于电梯客户本身对于电梯产品的专业认知是非常有限的，因此电梯客户对于电梯销售员所提供的产品选型以及整体方案的服务有着强烈的需求，电梯销售员凭借个人能力可以帮助电梯客户明确需求，从而去推荐合适的产品方案，而不是盲目

地去附和客户。

客户的选型需求是综合的、矛盾的，不能盲目附和，电梯销售员要依据自己的专业知识提供更符合客户安装需求的电梯。这样才能最大限度地体现出自己的价值与专业度，如此方能与客户建立长期的关系，这对于获取长期且持续的业务机会将会有巨大的促进作用。

（三）电梯选型配置时片面考虑单项要求是不合适的

绝大多数电梯客户对于产品的要求包括价格、美观、安全、功能、性能及舒适度。电梯产品的价格既与客户的选型配置有着密不可分的关系，也与安装的数量、建筑成本的要求息息相关。

对于电梯客户来说，所安装的电梯是需要创造更大的销售利润的，如住宅区的电梯是需要随着公共建筑设施卖给买房者，而电梯产品配置的越美观越华丽，那么这将会吸引更多的人预约买房。

电梯作为全面普及的特种设备，它的安全性与功能性都是人们关注的重点，因此电梯销售员为客户匹配电梯型号时也会着重考虑安全性、功能性以及舒适性的要求，而它的整体性能更是需要达到常规的市场应用标准。

【知识拓展】

销售技巧：如何了解客户的真实需求

优秀的销售员始终能够发现客户的需求，并为他们提供想要的商品或服务，能够准确识别客户需求。在销售过程中，成功销售只能通过将产品的特性与客户的需求紧密结合来实现。由于客户的个性差异很大，而且他们来自不同行业、不同的环境，他们的需求也是不同的。一个好的销售员不仅要准确地确定客户需求，还要善于发现甚至创造客户需求。

一、了解客户的购买意向

在进行商品销售之前，销售人员应该快速了解客户的真实购买动机，以便向他们出售最合适的产品。

1）观察。在大多数情况下，客户不愿直接说出自己的期望，而是通过隐含语言、行为动作、表情等表现，这需要销售人员仔细观察，分析客户的购买意向。

2）询问。通过询问表达对客户的关心和关注，使客户愿意合作，然后快速探索客户的实际需求。

3）倾听。让客户畅所欲言，无论客户赞誉、抱怨或反驳等，销售人员都可以了解客户的购买需求。

二、探索客户的潜在需求

1）与客户成为朋友。与客户建立良好关系，往往可以使客户更愿意说出他们的潜在需求。

2）说话的方式。当被客户拒绝时，你要通过沟通，巧妙说服客户，从而开发出客户的潜在需求。

3）谈话的态度。如果客户向你抱怨公司的产品有缺陷，应该注意自己的态度，不要直接反驳客户，或者跟客户发生争执，不要表现出对客户不满，而是抓住机会纠正客户的错误观点。

三、探索客户需求的原则

1）尊重客户。只有让客户感觉良好才能购买你的产品。

2）抓住重点。只有找出客户的兴趣和关注点，并了解他们的想法，才能成功发现客户的需求。

3）善待客户。认真对待客户，否则只会自取其辱。

4）抓住顾客的购买心理。如果销售人员想要销售成功，必须准确把握客户的购买心理并挖掘客户的实际需求。

销售最重要的就是寻找客户，没有新的客户，那么你的销售注定是失败的。通过搜索详细全面的客户资料，这样你就能更全面更快地决策，从而抢占市场先机，顺利跨过成功重要的一步，久而久之会发现销售是一件简单而快乐的事情。其次才是了解客户需求，然后提供满足其需求的产品和服务。考虑如何更好地为客户服务，而不是考虑如何让客户适应你。

【单元自测】

1. 电梯产品合理选型具有哪些重大意义？
2. 电梯产品的合理选型需要现场调查与分析哪些内容？
3. 电梯产品选型的常见误区有哪些？

【单元评价】 （见表4-1）

表4-1 单元评价

序号	知识点	配分	自测结果
1	电梯营销获得客户信息的渠道	3	
2	电梯产品合理选型需要现场调查与分析的内容	4	
3	电梯产品选型的常见误区	3	

单元二　电梯产品选型依据

【知识导图】

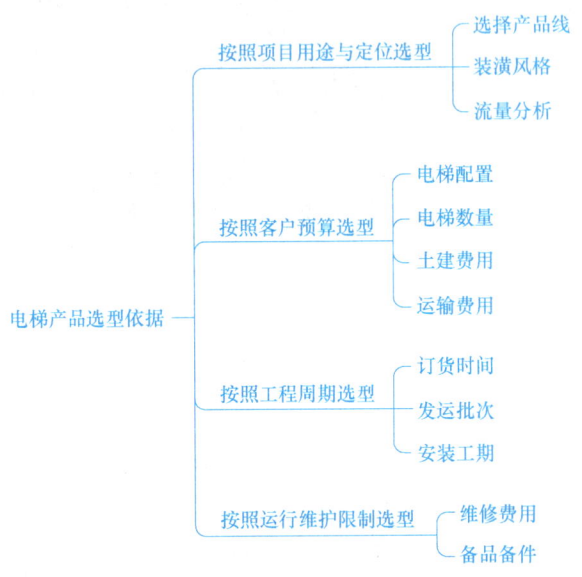

根据客户需求的不同以及电梯销售员介入节点的不同，电梯销售员给不同客户群体所提供的选型建议内容也是各不相同的。但是无论电梯销售员从哪个节点开始介入项目，项目用途与定位、客户预算、工程周期以及运行维护等四个依据依然是在电梯选型过程中需要考虑的，但是介入越晚，电梯销售员的建议空间会越受限制，故而建议电梯销售员在条件允许的情况下越早介入项目，对于整个项目与业务销售来说越有利。

一、按照项目用途与定位选型

电梯选型配置过程也是电梯销售员引导与明确客户需求的过程。这就需要电梯销售员充分了解客户开发项目工程的用途与定位，同时电梯销售员也需要加强提升自己的专业知识，以更高的专业知识去提供建议与意见，将会大大有助于提升客户的信赖度与选型配置信心。全面掌握项目用途与定位主要包含以下三点：

（一）选择产品线

不同的电梯项目工程用途与定位关系到不同产品线的选择。基本上所有的电梯品牌都有各自专门的产品线以对应不同类型建筑的应用需求，如商业住宅、公共交通、机场、车站、物流中心以及地铁等。这些不同类型的建筑可以根据建筑物的实际用途以及发展定位匹配不同的电梯产品。

同样类型的建筑也会有不同的定位，如商品房建筑项目与保障房建筑项目的选择选型定位就是不一样的，因此电梯销售员应尽量为客户选择对应产品线中的标准产品。而选择标准电梯产品可以为后期项目的执行打下良好的基础，这些标准产品会在交货期上、安装周期上、维修上都能获得较好的保障。

（二）装潢风格

绝大多数电梯公司都提倡电梯销售员为客户选配标准电梯产品，因为选择工程用途与定位还需要设计师去详细沟通并了解整个建筑的装潢风格，引导并推荐与之相匹配的电梯装潢。因此，电梯销售员应尽量推荐整体轿厢，因为单独看起来非常漂亮的轿顶或者轿厢组合在一起时未必会获得预想中的效果。电梯销售业务之所以建议推荐整体轿厢装潢，是因为整体轿厢装潢都是经过设计师设计的，故而有利于最大限度地去提升客户体验。

（三）流量分析

无论是住宅电梯还是货运电梯都有自己的流量与统计方式。电梯销售员在明确电梯工程用途与定位后，便可实地调查进行相对应的流量分析，如假设办公楼的面积使用标准为10人左右，建筑使用系数为0.7，出勤率为85%，电梯运行一周的损耗为5%，根据这些信息便可估算建筑物的总人数以及人均日流量信息。同时客户还可以根据这些信息设置仓库位置以及确定所需安装的电梯数量。

假如大楼的性质为住宅楼，这种住宅楼不会出现写字楼那样的高峰拥挤时段，因此许多电梯销售员在为客户匹配电梯时都是推荐平均流量以及双向运行模式，其流量分析结果见表4-2。

表 4-2 流量分析结果一

电梯数量/台	2	2
交通模式	双向交通	双向交通
高峰运行模式	100%	100%
载重量/kg	900	900
速度/(m/s)	1.77	1.95
等候时间/s	72.48	72.96
处理能力/5min（%）	14.63	14.89

从这种计算方法可以看出，在速度为1.77m/s、载重量为900kg的情况下，住宅大楼已基本上能满足处理要求。如果速度取2.0m/s，这将大幅度提高电梯的处理能力，但是对于平均候梯时间影响不大。

假如按照住宅大楼上班时间或者下班时间计算，这两段时间是最繁忙的时段，在此情况下假设每层站都有住客召唤电梯，直到电梯满载行驶，那么其流量分析结果则可见表4-3。

电梯营销

表 4-3　流量分析结果二

电梯数量/台	2	2
交通模式	双向交通	双向交通
高峰运行模式	N	N
载重量/kg	900	900
速度/(m/s)	1.73	2.0
等候时间/s	42.85	39.98
处理能力/5min (%)	8.79	12.63

从这种计算方法可以看出，住宅大楼的电梯基本已满足处理要求，其处理能力还是比较理想的。但平均的候梯时间与标准 60s 相比仍有差距，造成这种现象的原因主要在于楼层较高且停靠站特别多，特别是在繁忙时段，每层站都有住客召唤电梯，造成候梯时间过长。在实际应用中，候梯的时间都不会这么长，若电梯运行速度从 1.73m/s 提升到 2.0m/s，在繁忙时段每层都有可能会出现召唤，电梯每层都会停靠，电梯实际运行区间非常短，在这种情况下提高电梯的运行速度对用户候梯时间的改善效果不明显。

对于电梯销售员，学会流量分析方法对于合理进行电梯选型匹配具有非常大的好处。因为各客户对于电梯的选型匹配都有不同要求，而流量分析对于它的影响又非常大，故而需要电梯销售员深入现场调研其流量状况。

二、按照客户预算选型

电梯是一种交通工具，因此电梯销售业务进行中要与建筑设计师沟通建筑人流设计。这个人流分析有助于引导与确定电梯在建筑物内的位置、数量、配置及角度等，通过这种沟通也可以帮助建筑设计师获得更多的项目信息，去引导与明确客户需求，了解客户的工程预算以达到帮助客户选择最合适的电梯配型与数量。一般来说，客户预算主要考虑电梯配置、电梯数量、土建费用以及运输费用这四方面的综合成本。

（一）电梯配置

了解客户的工程预算，帮助客户选择最合适的电梯配置与电梯数量是电梯销售员的责任与义务。但是电梯销售员在销售与推荐过程中应尽量减少非标配置，因为非标配置有可能会导致电梯项目的价格飞速上涨，同时非标配置还有可能会对后续的安装、交期以及售后服务等产生不利影响。如非标配置电梯中的某个零配件损坏，那么电梯公司还需要花费较长的时间重新定做零配件，这不仅会影响电梯的正常使用，还会导致零配件的更换成本以及维护成本大幅度上涨。那么标准电梯配置主要包括哪些内容呢？

1. 全集选控制功能

标准电梯的配置需要包括全集选控制功能，它主要包含共乘方式、换方向运行功能、待机以及门的开启、关闭功能等。而所谓的共乘方式，就是需要电梯既能在轿厢内召唤，也能快速响应与运行同方向的厅外召唤；换方向运行功能，指的是电梯能自动换方向运行并且尽快应答反方向召唤；待机，则指的是在有基站的情况下回基站待机，无基站的情况下在最后服务楼层关门待机；门的开启、关闭功能，则是需要电梯能够自动地关门、出发、平层以及开门。

2. 检修运行方式

所有的标准电梯还需要匹配相适宜的检修运行方式。检修人员需要能在电梯的机房、轿厢内或者轿顶用点动运行方式控制电梯井道，并以 0.25m/s 的速度慢速行驶。同时配备检修功能的电梯在开关门按钮时也需要能够进行点动。

3. 召唤功能

电梯的召唤功能是基本的应用功能。它需要快速响应轿内召唤与厅外召唤，如电梯响应召唤顺序停站时，当运行至被召唤楼层时，相对应的轿内召唤灯也要随之熄灭。

4. 电梯自救运行功能

基本上所有的标准电梯都配有电梯自救运行系统。假如电梯故障导致电梯在非平层区停车，那么当故障被排除后或者所排除的故障并非重大安全类故障时，电梯便会以自动低速运行进行自救，并在最近的服务门停止开门，这是为了避免大量的乘客被困在轿厢中而出现意外伤害。

标准电梯的配置有很多内容，除了以上的全集选控制功能、检修运行方式、召唤功能以及电梯自救运行功能外，还包括到站自动开关门、对讲机通信、警铃、提前开关门、故障重关门、起动补偿、满载行驶、闲时轿内照明与风扇自动断电、故障历史记录、井道层楼数据自学习、层楼位置信号的自动修正以及泊梯等其他功能。

（二）电梯数量

对于房地产开发公司来说，确定电梯数量也是非常重要的一步工作。一般来说，电梯数量需要根据项目的用途进行可靠计算，特别是住宅、办公、旅馆、医院等建筑的客梯数量更需要进行精准计算，而电梯数量的确定与电梯产品的选型配置也有密不可分的关系，因为不同类型的电梯有着不同的输送能力，因此在确定电梯配置后便可进行电梯数量计算。

那么常用电梯数量的确定更适宜采用哪些计算方法呢？

1. 利用一般指标确定电梯数量

众所周知，决定电梯输送能力的主要参数为电梯数量、额定速度与承载能力。总的来说，电梯数量越多，那么电梯输送能力就越强；电梯额定速度越快，那么在一定时间内来回输送的人数或者货物数量也就越多；当然，电梯输送能力的综合计算方法还需要考虑所配置电梯的承载能力，它的承载能力越强，那么单次输送的人流量也就越多，在这种情况下就可以适当减少电梯的数量。

作为专业的电梯销售员，对于计算电梯数量的一般方法要烂熟于胸。一般来说，为客户所匹配的电梯，其输送能力若是满足 5min 高峰期的乘梯要求，那么这种造型匹配就可以认为是非常合理的。另外电梯到达门厅不应间隔太长时间，行业标准要求不应超过 2~3min。

所有乘客都希望候梯时间与乘梯时间越短越好，一般来说候梯时间不超过 30s，乘梯时间不超过 90s 是符合标准的。若能尽量缩短候梯时间与乘梯时间将更好些，电梯销售员对于电梯品牌常规的运行数据必须十分熟悉，这样在为客户选型匹配时便可快速进行筛选。

2. 利用规范指标确定电梯数量

电梯数量的计算方法除了常规的估算法外，还可以参照规范指标进行确定。《住宅设计规范》《高层民用建筑设计防火规范》以及 GB/T 7025.1—2008《电梯主要参数及轿厢、井道、机房的型式与尺寸》等对于不同类别电梯数量的确定都有明确的规定以及相应的估算方法。

（三）土建费用

如今许多电梯公司在进行销售业务培训时就特别强调推荐标准产品，客户选择标准产品无论对电梯公司还是对客户都非常有利，因为电梯的选型匹配还与后期的土建费用有着密不可分的联系。若电梯销售员为客户匹配标准产品，那么在项目设计阶段，电梯销售员就可直接告知客户所推荐配置标准电梯产品的土建要求，客户对于标准电梯产品的土建要求了然于胸，就可以避免后期土建改建或者扩建等问题。事实上选择标配的电梯产品，不仅有助于帮助客户节约后期土建费用，还有助于降低其他不必要的土建费用。

（四）运输费用

客户在进行电梯项目安装预算时，也要考虑其相应的运输费用。若提前明确项目的地点，还便于电梯销售员提前为客户考虑运输费用等问题，电梯销售员可以为客户规划最短路径以及使用最经济实惠的物流。除此之外，了解电梯建筑项目的工期并与公司产品的工期进行对比，将大大有助于全盘掌握发运以及安装相关事宜。

三、按照工程周期选型

电梯销售员在为客户进行电梯产品的选型匹配时，还要了解更多有关客户项目整体工期的情况，便于根据客户项目工期去对比电梯公司产品生产、发运、运输等相关事宜。因为客户确定了项目周期，对于什么时间安装电梯便有了初步的估算，搜索这些信息也是为了方便客户确定订货时间、发运批次以及安装工期。

（一）订货时间

无论是哪个品牌的电梯产品都有固定的生产周期，而标准电梯产品的生产周期相比非标准电梯产品的生产周期要更短些。有些客户对于电梯产品的订货周期不甚了解，那么电梯销售员可以有意识地引导此话题，根据客户电梯项目整体的工程周期，帮助客户推算订货时间。当然，电梯销售员需要明确告知客户标准电梯产品的订货周期与非标准电梯产品的订货周期是不一样的，一般来说，非标准电梯产品的订货周期要远远长于标准的电梯产品，因为非标准电梯产品的零配件需要现定或者重新加工制作，而标准产品所需的零组件一般都有库存，因此只需按照发货时间进行装配即可。

（二）发运批次

电梯的发运批次需要按照合同约定执行，一般来说，供货商都会与客户共同商定该批次电梯设备的交货时间。若是电梯的数量较多，便可以采取分批交货的方式进行，但是发运批次的设定以不影响客户工程周期为前提。一般来说，客户都是根据工地的实际情况提前一个月以书面的方式准确通知电梯公司所需交货批次的电梯数量、技术规格以及楼号等相关资料。而电梯公司在接到书面通知单后，需要安排好该批次电梯的图样批签、生产以及发货等工作。

电梯公司准备好产品后便可以发"发运通知单"通知客户，若出现超出合同范畴的意外情况，则由电梯公司以及客户共同商定该批次电梯设备的交货时间。如客户想要变更交货日期或者技术规格，那么必须提前两个月通知电梯生产公司，假如客户未按照合同约定提前两个月通知要求延长发货或者因为其他原因而要求延期发货，那么这时客户便需要按照约定向电梯公司缴纳仓储费与管理费。

当然，在进行分批次发货时，电梯公司与客户双方都要根据出货批次清单仔细核对，这是为了避免电梯配件因为遗漏而出现不必要的纠纷。一般来说，每次的发货台数都是以客户通知为准，分批次的货品装箱单需要进行全面清点并且进行书面确认。

（三）安装工期

全面了解客户项目后期的运维模式，这便于电梯销售员为售后奠定基础。如全面掌握电梯安装工期的各个节点，便可以根据不同的节点状况合理安排生产、发运以及出货等相关事宜。简而言之，通过全面了解客户项目的情况，引导并明确客户需求以后，电梯销售员就可以开始下一步工作了，如开始为客户配置产品、为客户设计经济节约的运输方案、为客户筹划安装方案等。

四、按照运行维护限制选型

电梯项目的匹配选型还需要考虑后期的运行维护难度。因为不同类型的电梯项目有不同的维护方法，像曳引式电梯、杂物电梯、液压电梯以及自动扶梯等均拥有不同的维护原则，虽然其运行保养维护的方法大同小异，但是需要根据不同电梯的保养要求进行针对性维护，而维修费用以及备品备件的选择是绝大多数客户关注的重点。

（一）维修费用

众所周知，电梯的维修保养费用并不便宜。电梯的维护保养主要是指对运行中的电梯部件进行检查、加油、清除积尘以及调试安全装置等，如对电梯的曳引钢丝绳进行无损检测与润滑维护。电梯销售员在为客户匹配选型时，也需要考虑后期的维修费用。

（二）备品备件

客户在预算电梯项目的整体费用时，也会预留一部分资金给备品备件。个别客户若定制非标准产品，那么更需要注重备品备件的选择与搭配，因为非标准产品的零配件都是订制的。若是采用标准的零件进行代替，有可能会导致电梯整体功能不如预期，因此选择非标准产品的客户也应考虑后期备品备件的替换费用。

【知识拓展】

《住宅设计规范》的相关规定

根据《住宅设计规范》4.1.7条规定"十二层及以上的高层住宅,每栋楼设置电梯不应少于两台,其中宜配置一台可容纳担架的电梯";4.1.9条规定"候梯厅深度不应小于多台电梯中最大轿厢的深度,且不得小于1.50m"。

《住宅设计规范》相关条文中有明确解释:电梯设置台数的多少关系到住宅建筑的电梯服务水平和经济效益。目前绝大多数的电梯安装项目都是采用两种方法确定:一种按公式计算,另一种按经验确定。而关于电梯计算公式,国外的计算方法相对国内要复杂很多,同时还有很多未知数需要提前测定,因此即使按照公式计算也只是获得一个较为相近的近似值。

现今许多城市为了简化电梯项目设计以及方便快速选型使用,很多设计院绝大多数都是根据各自的经验确定电梯数量。首都规划建设委员会住宅专家组讨论认为高层住宅每60~90户设置一部电梯是比较适宜的。

《高层民用建筑设计防火规范》的相关规定

《高层民用建筑设计防火规范》中也有许多关于电梯数量设置规定,特别是消防电梯更是需要严格按照《高层民用建筑设计防火规范》的设计规定执行。这是为了避免高层民用建筑发生意外火灾时,消防电梯的容纳量不具备逃生要求而造成重大人员伤亡与损失。其具体规定介绍如下。

6.3.2 高层建筑消防电梯的设置数量应符合下列规定:

6.3.2.1 当每层建筑面积不大于$1500m^2$时,应设1台。

6.3.2.4 消防电梯可与客梯或工作电梯兼用,但应符合消防电梯的要求。

6.3.3.5 消防电梯的载重量不应小于800kg。

6.3.3.7 消防电梯的行驶速度,应按从首层到顶层的运行时间不超过60s计算确定。

《电梯主要参数及轿厢、井道、机房的型式与尺寸》的相关规定

根据《电梯主要参数及轿厢、井道、机房的型式与尺寸》(GB/T 7025.1—2021)的规定:"单台电梯或多台并列成排布置的电梯,候梯厅深度不应小于最大的轿厢深度……服务于残疾人的电梯候梯厅深度不应小于1.50m。"高层住宅电梯每层设站是为了使用方便,但为了节约成本允许设站间层不超过两层。减少电梯设站有利于节约电梯造价,简化电梯管理及减少损坏率。

【单元自测】

1. 按照项目用途与定位对电梯选型时,需要参考哪些要素?
2. 按照客户预算对电梯选型时,需要参考哪些要素?
3. 按照工程周期对电梯选型时,需要参考哪些要素?
4. 按照运行维护限制对电梯选型时,需要参考哪些要素?

【单元评价】 （见表4-4）

表4-4　单元评价

序　号	知　识　点	配　分	自测结果
1	按照项目用途与定位选型的参考要素	3	
2	按照客户预算选型的参考要素	3	
3	按照工程周期选型的参考要素	2	
4	按照运行维护限制选型的参考要素	2	

模块五
电梯土建勘测

【情境导入】

电梯业务的特点决定了电梯项目在执行过程若出现土建不符情况,极有可能会引起合同变更,从而导致整个电梯工程项目的成本随之发生巨大变化。在绝大多数情况下,若想让已签订合同的电梯客户再次增加费用或者成本是非常困难的,另外频繁加价或者合同变更也会耽误整个电梯项目的执行进度,有可能会直接影响销售业务与客户的关系,后期也有可能会给验收收款带来麻烦,甚至还有可能会遭遇罚款等,在较为严重的情况下会导致客户取消订单并失去合作的机会。

【情境分析】

市场调研表明,绝大多数变更都是由于现场的土建状况与合同约定不符所造成的。作为一名优秀且有丰富工作经验的电梯销售员,在进行电梯产品报价时应充分考虑土建现场的状况,从而合理地去预留一部分费用,以便在土建状况发生变化时用于资金调度与周转。另外,电梯销售员应在电梯项目的各关键节点去勘测土建现场以免引起不必要的变更,以达到控制成本变化以及降低合同变更率的目的。简而言之,电梯销售员若想进一步提升自己的业务能力,那么必须具备这种超前意识,能够充分考虑土建勘测有可能会带来的变化以及预留费用空间,以避免不必要的变更引发电梯项目工期以及合同频繁发生变化,从而导致电梯项目整体成本出现较大幅度变化。

【学习目标】

1) 了解电梯土建勘测范围。
2) 了解如何进行全面土建情况勘测。
3) 了解电梯土建勘测节点与点勘测内容。

单元一　电梯土建勘测范围

【知识导图】

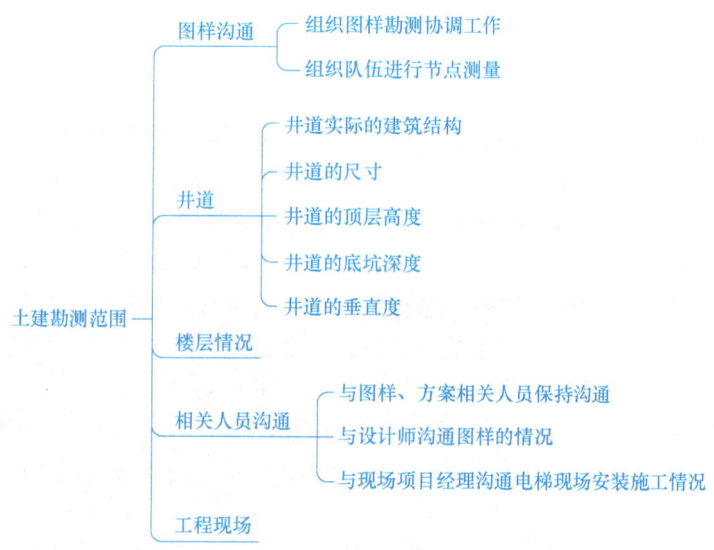

所谓电梯项目勘测，并不是单纯地去现场量测井道，而是通过沟通图样去实测井道。同时还要仔细确认各楼层的实际情况，与相关人员保持良好沟通，以积极的行动去确认工程现场状况。电梯项目作为长期型的建筑项目，是需要经过多次反复勘测的，而不是以一次勘测的结果作为最终的安装数据，同时它在不同的阶段所勘测的重点也是各不相同的。

一、图样沟通

在图样沟通阶段，按照相关原则规定，建筑工程必须遵循按图施工的原则，因此全面详细了解图样信息是一切勘测的基本要点。电梯销售员需要根据图样沟通结果明确电梯的数量、电梯的规格、电梯的尺寸以及电梯的安装位置等，并且根据图样沟通结果确定电梯的规划位置、外部造型、内部布置、内外装修、细部构造、固定设施及施工要求等。

电梯销售员在进行图样沟通勘测时需要完成的工作主要包含组织图样勘测协调工作与组织队伍进行节点测量。

（一）组织图样勘测协调工作

电梯销售员是客户与电梯公司的沟通桥梁，因此，电梯销售员在与客户签订合同后，需要组织图样勘测协调工作。一般来说，需要安排了解土地管理知识、熟悉土地管理法律法规的人员进行工作的前期协调。了解客户建筑项目的用地范围内的权属状况，同时收集现场实际的用地情况以及安装电梯位置的土质情况等。

（二）组织队伍进行节点测量

电梯销售员还应组织队伍对电梯的现场安装环境进行节点测量，如电梯安全部件安装测量、电梯轿厢与对重安装测量、电梯门系统安装等。根据不同节点的测量要求进行实地勘测，若是所勘测信息与客户所提供的图样有出入，那么便要在安装前进行积极沟通解决。

二、井道

众所周知，井道的勘测是电梯安装项目的重中之重，因为它是专供电梯上下行驶的垂直通道。一般一个井道只适宜驱动一个电梯，只有在某些特殊情况下才会将两部电梯安装至同一井道进行使用。而一名合格的电梯销售员既需要能够读懂本公司的电梯标准布置图，即能根据电梯标准布置图向客户解释与井道土建相关的技术问题，也需要能够识别与电梯井道相关的建筑图样，因为在井道沟通阶段，电梯销售员需要拿着客户提供的建筑施工图样找到与电梯井道相关的图样与位置，以便于结合图样比对井道的实际情况确定井道信息。

一般来说，与电梯井道相关的建筑图样主要有以下几类。

1）电梯井道剖面图：主要包括层高、底坑深度、机房高度、厅门牛腿等相关数据。

2）电梯井道平面图：主要包括井道内平面净尺寸、门口宽度及方向、墙厚等相关数据。

3）电梯机房平面图：主要包括机房平面尺寸、井道与机房的相对位置、门口位置等相关数据。但是也有一些建筑图样会将电梯井道剖面图、电梯井道平面图以及电梯机房平面图等合并进行设计，这些建筑图样还会标注按哪种品牌的电梯进行设计以及施工时由电梯厂家指导的注意事项等。

如果该电梯工程项目数量比较多，那么电梯销售员在对应电梯井道建筑图样时就要特别注意，要根据不同标号的电梯井道详图与建筑总平面图中的定位轴线确定每台电梯的位置以及编号。电梯销售员在电梯井道的实际勘测作业中一定要注重井道实际的建筑结构、井道的尺寸、顶层高度、底坑深度、井道的垂直度等参数的测量作业。

（一）井道实际的建筑结构

电梯销售员所提供的安装方案只是一个雏形，在图样沟通阶段电梯销售员就要去现场确定井道实际的建筑结构。有些井道建筑采用混凝土结构，有些井道建筑则采用多件定型组合钢模板拼装结构，因此电梯销售员不能仅凭图样一概而论，而是应该实际去看看井道选用的建筑结构是混凝土结构还是多件定型组合钢模板拼装结构。

不同的井道建筑结构，其施工方法以及相应的施工成本是不一样的。混凝土结构可以巧妙地利用混凝土和钢筋这两种材料的强度，从而使井道混凝土结构拥有可模性好、适用面广、耐久性和耐火性好以及维护费用低等优良特点。

定型组合钢模板拼装结构指的是让混凝土按照设计的形状、尺寸、位置成型，并且制作成固定的模型板。它可以确保井道构件的形状、尺寸、位置等都具有较高的准确性，同时还可确保其拥有足够的强度、刚度和稳定性。这种定型组合钢模板拼装结构还可促使井道建筑结构拥有平整的板面以及严密的接缝。

（二）井道的尺寸

电梯销售员不能仅根据图样的尺寸就安排电梯生产，而是应该去现场亲自勘察并了解井道的尺寸。井道尺寸是指垂直于电梯设计运行方向的井道截面沿电梯设计运行方向投影所测定的井道最小净空尺寸，它的尺寸大小是根据电梯额定载重量、乘坐人数、额定速度等参数综合确定的，并且还需与土建布置图保持一致。但是实际的电梯井道可能由于建筑物的关系而会出现一定的偏差，因此需要根据计算结果以及实际测量的结果确定其最终的井道尺寸大小。

（三）井道的顶层高度

井道顶层高度对于电梯安装的重要性是不言而喻的，因此井道顶层高度主要由轿顶高度、对重缓冲间隙、对重缓冲行程以及最小自由垂直距离等数值累积而成。在实际测量时需要准确测量顶层装修完工地面到井道顶板下皮之间的净尺寸，但是这些测量数据实际上或多或少会存在一些误差，故而很多电梯销售员都是通过反复的现场测量以降低顶层高度的误差。而影响顶层高度出现尺寸偏差的原因主要包括以下三点。

1. 设计人员未仔细审阅电梯制造商提供的土建图样尺寸

电梯销售员之所以需要跟踪现场进行亲身测量，是因为有部分设计人员未仔细审阅电梯制造商提供的土建图样尺寸，便进行机房与井道设计。在这种情况下容易导致土建图样上的井道尺寸与实际所勘测的井道尺寸存在较大偏差，比如井道内平面净尺寸、门口宽度及方向、墙厚等数量与实际所勘测的数据存在较大误差，且误差范围已超过国家规定的范畴。

2. 井道设计所参照的电梯品牌与实际安装的电梯品牌不一致

许多客户喜欢临时更换电梯品牌，这容易导致井道设计所参照的电梯品牌与实际安装的电梯品牌不一致，这也是导致越来越多的房建项目出现井道的顶层高度出现较大误差的重要原因，因此在安装电梯前需要仔细确认所设计的井道顶层高度与所预订的电梯品牌是一致的。

3. 减少对建筑物外部的影响缩减顶层高度

井道的顶层高度是按照固定的标准计算出来的，但是有些设计单位在设计时容易忽略对电梯井道以及井道顶层高度的设计。在实际施工中需要对电梯井道以及机房进行设计时，便会发现电梯井道以及井道顶层高度的尺寸无法满足电梯的安装要求。有部分设计单位就会为了减少对建筑物外部美观度的影响，盲目地将电梯井道内最高层站的顶层高度尺寸进行压缩，从而导致电梯在后续运行时出现不同的质量问题。

电梯销售员积极跟设计人员与现场施工人员沟通就是为了确保电梯的井道设计符合规范要求，从而使得电梯的安装与使用符合《电梯制造与安装安全规范》。

（四）井道的底坑深度

电梯销售员在进行现场勘测时还需要仔细确认井道的底坑深度，是为了避免底坑深度过大或者过小而导致电梯尺寸与井道尺寸无法相容，导致开发商有可能后续扩展井道而增加多余的费用。而井道底坑深度的测量需要直接从最低一层地面测量到底坑的深度，它也需要遵循相应的规范与标准执行。

1. 电梯底座基坑深度应遵循的规范与标准

井道底坑深度需要按照 GB 7588—2003 及 GB 7588.2—2020 的规定执行，当轿厢完全压在它的缓冲器上时，需要同时满足以下三个条件：

1）底坑中应有足够的空间，该空间的大小以能容纳一个不小于 0.50m×0.60m×1.0m 的长方体为准，任一平面朝下放置即可。

2）底坑底和轿厢最低部件之间的自由垂直距离不小于 0.50m，下述两种情况的水平距离在 0.15m 之内时，这个距离可最小减少到 0.10m。

① 垂直滑动门的部件、护脚板和相邻的井道壁的距离。

② 轿厢最低部件和导轨的距离。

3）底坑中固定的最高部件，如补偿绳张紧装置位于最上位置时，其和轿厢的最低部件之间的自由垂直距离不应小于 0.30m。

总的来说，电梯的基坑深度一般是根据电梯的速度和吨位来综合确定的，若是速度越快，那么基坑深度越深；电梯吨位越大，其对应的基坑深度也就越深。

2. 井道的底坑开挖计算方法

井道的底坑属于临时性工程，它的主要作用是为电梯安装提供一个临时空间，使基础的砌筑作业得以按照设计所指定的位置进行。基坑开挖工程量按基坑容积计算。一般来说，深基坑是指开挖深度大于等于5m的基坑。

（五）井道的垂直度

电梯销售员除了需要了解井道的尺寸、顶层高度、底坑深度外，在现场情况已经具备勘测条件的情况下，还需要去确认实际尺寸。电梯井道的垂直度需要严格按照规范执行，当电梯行程高度≤30m时，电梯井道的垂直度为0~25mm；当电梯行程高度在30~60m之间时电梯井道的垂直度为0~35mm；当电梯行程高度在60~90m之间时电梯井道的垂直度为0~50mm；当电梯行程高度大于90m时，允许偏差应符合土建布置图要求。从这些数据可以看出，井道的垂直度与电梯行程高度息息相关，因此电梯销售员需要严格按照以上要求对井道进行验收并做好交接记录。

电梯销售员在勘测电梯井道的垂直度时，需要确保所测的垂直度在此范围内。一般来说，绝大多数建筑物的垂直度要求满足单层偏差不超过5mm，全高偏差则不能超过0.3‰，这是保障电梯平稳安全运行的先决条件。

三、楼层情况

在针对楼层的沟通阶段，电梯销售员需要结合图样去确定实际楼层的高度、机房的面积与高度、每个楼层门洞的尺寸以及开门的距离。家用别墅电梯层门高度尺寸可参照乘客电梯层门尺寸规定，电梯层门应是无孔的门，净高度不得小于2m。层门关闭后门扇之间及门扇与立柱、门楣和地坎之间间隙应尽可能小，乘客电梯应为1~6mm，载货电梯应为1~8mm。

为了避免电梯运行时发生剪切危险，自动层门的外表面不应有大于 3mm 的凹进或凸出部分。家用别墅电梯层门净进口宽度比别墅电梯轿厢净入口宽度在任何一侧的超出部分均不应大于 0.05m。家用别墅电梯的开门尺寸就是电梯门尺寸，而家用别墅电梯开门宽度一般在 600~1400mm 之间，别墅电梯开门高度为 2~2.2m。

另外，对于电梯各楼层层门的预留孔洞、召唤预留孔洞、消防开关预留孔洞、检修屏预留孔洞、厅外报站灯预留孔洞以及层门口混凝土牛腿的设置应和土建分布图完全一致。若这些设置和土建分布图有差异，则需要限期进行整改。

当然不同建筑楼层对于预留孔洞的尺寸、楼层门洞的尺寸以及开门的距离等相关参数都有不同的规定，这就要求电梯销售员能根据现场的安装状况进行灵活应用。

四、相关人员沟通

在整个电梯项目安装作业工程过程中，电梯销售员要保持积极良好的沟通态度。积极良好的沟通态度对于推进电梯工程项目的安装进度具有较大的促进作用，因为有时候客户所复制提供的图样信息并不是完全准确的，电梯销售员若是对于所测取的数据无把握，那么保持积极良好的沟通便于快速获取有用的线索与信息。在电梯安装现场保持沟通主要包括以下几点。

（一）与图样、方案相关人员保持沟通

电梯安装现场会出现多种不同的图样，而这些图样可能由不同的设计员进行设计。因此，电梯销售员在完成前期订单销售后，还需要积极跟踪订单状态，如与各类设计图样、方案的相关人员保持密切沟通，以便快速获取电梯施工方案、安装方案的要点。

（二）与设计师沟通图样的情况

作为一名称职的电梯销售员，一定要学会查看与分析各类设计图样。在进行现场勘测时，若发现现场所测的数据与设计图样不符或者碰到某些疑难，无法正确解读图样中的内容，那么电梯销售员需要与设计师积极沟通图样的情况。如电梯销售员应该能快速识别电梯井道剖面图、电梯井道平面图以及电梯机房平面图之间的不同，对于建筑图样上所标示的位置数据有初步的了解与认识。设计师对于所绘的图样都十分熟悉，与其保持密切沟通便于快速了解图样的构思及设计方法，对图样中所标注的特殊位置也能进行及时的跟踪。

（三）与现场项目经理沟通电梯现场安装施工情况

电梯销售员要把跟踪现场以及勘查现场当作销售工作的一部分，把与现场项目经理保持良好沟通当作一种习惯。通过沟通电梯现场安装施工进度，便于快速了解电梯安装进程以及获取更多的施工要点信息。除此之外，电梯销售员还可以通过沟通了解更多的施工过程、施工安全防护保障措施以及施工图样的准备情况。

五、工程现场

在工程现场沟通阶段，电梯销售员需要通过图样到现场了解具体情况。这些具体情况主

要包括道路情况、临时用水用电情况、现场放置电梯物料的仓储情况、楼与楼之间的情况等。电梯销售员需要将这些资料形成具体的书面记录,以便根据现场记录制定相适宜的安装方案以及施工方案。

【知识拓展】

某安装现场事故调查报告

某电梯安装现场,在电梯安装队伍进驻并准备进行电梯安装时,发现20#电梯井道存在垂直偏差。安装经理将此次问题反馈至销售经理并与甲方沟通后,甲方以电梯公司前期勘测不到位为由拒绝整改,并提供销售经理及安装经理签署的入场确认函,其内容标明电梯井道已符合电梯安装需求。结果导致此电梯井道整改费用全部由电梯公司承担,造成直接损失约7万元。

后经电梯公司对本次事故调查,确定本次事改主要原因为销售经理及安装经理在电梯入场前勘测麻痹大意,未认真履行其工作职责。

处理结果:销售经理及安装经理扣发本项目相关奖金,各罚款2000元,全公司通报批评。

【单元自测】

1. 在进行图样沟通勘测时,需要完成哪些工作?
2. 在进行井道勘测时,需要完成哪些工作?
3. 在进行现场勘测时需要与现场人员沟通哪些工作?

【单元评价】(见表5-1)

表5-1 单元评价

序 号	知 识 点	配 分	自测结果
1	在进行图样沟通勘测时需要完成的工作	3	
2	在进行井道勘测时需要完成的工作	4	
3	在进行现场勘测时需要与现场人员沟通的工作	3	

单元二 电梯土建情况勘测要点

 【知识导图】

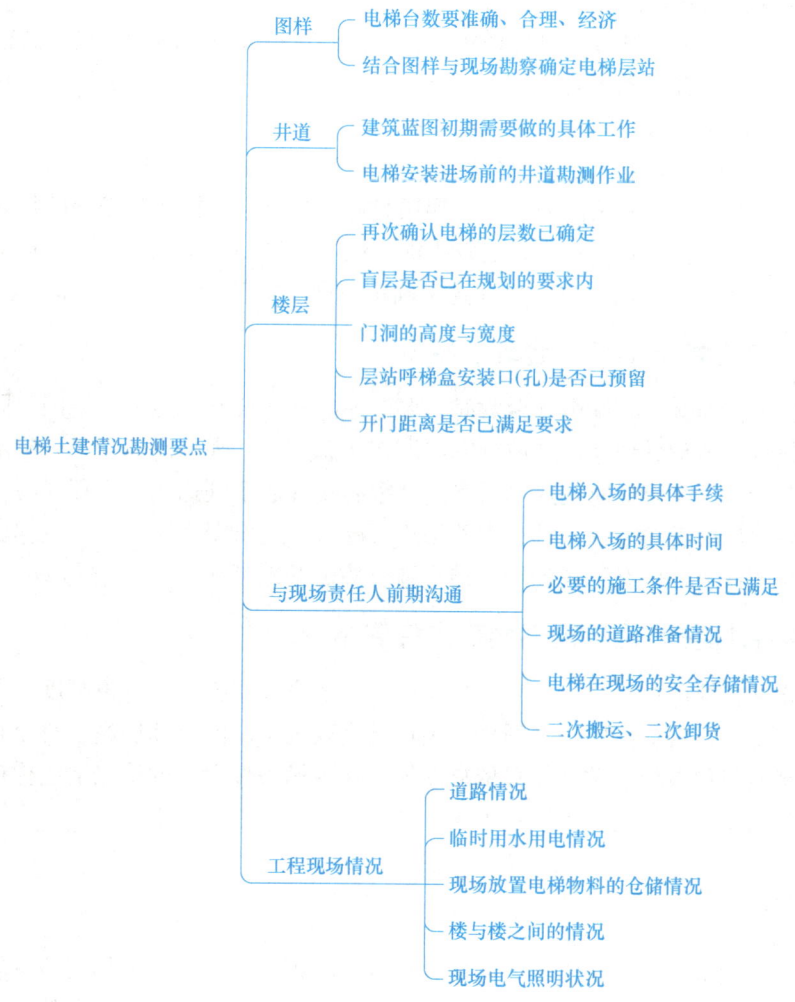

　　电梯施工前的土建勘测是非常重要的，但是有部分电梯销售员不愿意进行电梯施工前的土建勘测。因为它需要对井道、底坑以及其他部分做全面且细致的调查与记录，以确认电梯现场的施工情况已符合具体土建的施工要求。

　　电梯销售员在实际应用中还需要仔细考虑土建具体需要勘测的参数与合同参数的关系。在进行全面土建情况勘测时，电梯销售员具体需要去完成哪些工作呢？在不同勘测节点需要勘测哪些参数信息呢？

一、图样

图样就是电梯项目建筑初期的蓝图,作为一名称职的电梯销售员,一要定要学会看懂建筑蓝图,并且掌握建筑蓝图的重要标识或者数字所代表的意义。在建筑初期,电梯销售员需要仔细比对建筑蓝图,尽量避免多算或者少算电梯数量、电梯层站等基础参数,有些电梯销售员比较粗心,只会纸上谈兵,所有的电梯数量以及电梯层站等数量都直接通过图样理论计算出来,在未与现场技术负责人沟通的情况下便按此数量进行排产,从而导致电梯工厂需要花费更多的时间去纠正由此导致的错误。

建筑蓝图里面有很多符号,电梯销售员新手需要花费大量的时间与精力透彻了解每个符号所代表的意义。只有熟悉图样及其符号所代表的意义,才能在脑海中构筑电梯蓝图的轮廓,才能对整个电梯项目有初步的认识与了解。

学会初期图样的查看方法后,电梯销售员才能进一步了解功能区安全回路、主拖动回路以及门联锁回路等的设计方法。而计算电梯层数和站数是电梯销售员必会的技能之一,如酒店乘客电梯台数需根据酒店的星级、建筑平面、层数、每层面积、人数以及拟选用的电梯技术参数(如运行速度)等因素确定。而这个确定原则需要符合以下几点:

(一) 电梯台数要准确、合理、经济

电梯销售员在为客户匹配电梯台数时,要考虑准确、合理、经济等原则。同时也要认真确定电梯的数量、载重量和速度,应计算出所在区总人数、乘梯高峰期某一限定时间内所服务的最大运客量、乘客候梯时间或电梯平时及乘客唤梯起至到达的全行程时间。根据这些参数便可估算该酒店所需的电梯台数,有些酒店可能直接提供图样用于估算电梯台数,电梯销售员需要结合图样上的信息与现场勘测结果综合确定基础参数。

(二) 结合图样与现场勘察确定电梯层站

一般建筑商会提前在图样上规划电梯层站。层数主要用于计算井道高度,即机房和底坑之间的距离,电梯销售员需要结合图样与现场勘查确定不同的电梯层站已符合布置导轨与线缆的要求,当然规划电梯层站不能只依靠图样,在现场条件允许的情况下电梯销售员应实地观测电梯层站的位置、结构设计以及大小。

二、井道

建筑蓝图初期电梯销售员需要勘测的井道内容有很多,这是为电梯安装进场施工做必要的前期准备工作。电梯销售员在完成井道勘测作业后,还需要将所测的参数以具体表格的形式记录下来。通常电梯公司都会为电梯销售员提供井道勘察记录表作为辅助文件,便于电梯销售员及时做好井道现场勘测与数据记录作业。

电梯井道尺寸与形状是选择电梯载重量的关键。虽然国家标准中没有对电梯井道尺寸的具体规定,但是对一定载重量的轿厢面积选择却有明确的规定和要求。当然,同等条件下载重量越大的电梯所需的井道面积越大。

井道形状也是影响电梯选择的因素,井道内是否有凸出的梁、柱等结构,井道形状是否

规则等都有可能影响井道的有效面积,过于复杂的井道环境对于后续电梯的顺利安装也会产生不良影响,这些都是电梯销售员在进行现场勘测时需要注意核对的问题。

电梯安装要以电梯安装公司与电梯销售员双方都认可的井道施工图样和条件为准,并且按照井道勘查记录表对该电梯工程项目的井道进行实查。根据井道勘查记录表的标准要求,电梯安装进场前的井道勘测工作主要包括以下几点:

(一) 建筑蓝图初期需要做的具体工作

根据建筑蓝图上井道分布情况,对比产品方案中电梯的控制方式。电梯的控制方式主要分为单梯控制、并联控制以及群控。因为方案中不同电梯的控制方式需要匹配不同的井道条件,如有些并联控制对于井道的深、高、宽等都有苛刻的要求。除此之外,电梯销售员还需要根据井道宽深尺寸核对产品方案中对应产品的轿厢宽深尺寸以及对重位置,这些都是在初期阶段比对建筑蓝图时所要做的一些具体工作。

(二) 电梯安装进场前的井道勘测作业

建筑蓝图是电梯安装进场前进行井道勘测作业的蓝本,电梯销售员所有执行的勘测作业都需要以此为依据。电梯销售员应尽量掌握一些与电梯井道有关的建筑术语与基础知识,比如圈梁、牛腿、主筋混凝土标号等,这样才能利于电梯销售员与现场施工人员的沟通,并且能够结合建筑蓝图上的建筑术语对井道与底坑进行详细勘测核查。在施工现场电梯销售员需要依据井道勘查记录表进行逐条比对与核验。

1. 井道勘测需要做的工作内容

作为一名合格的电梯销售员,应该知道签署订货合同需要哪些井道数据以及与其对应的测量方法,同时还能够根据现场勘测结果绘制草图。所绘制的草图应大致符合实际现场的施工比例,数据标注清楚明确,特殊结构要进行特殊标注,在某些必要的情况下还应根据现场勘测结果绘制井道局部细图,并且确保其测量尺寸精确到厘米。

井道勘测是为了实地勘测井道的尺寸,确定其有效的建筑面积,以便通过更加合理的方式安装导轨与轿厢,从而达到节省建筑成本的目的。真正需要确定的具体工作包括导轨入支架安装布置图、井道剖面示意图及井道技术条件等。

(1) 确认导轨入支架安装布置图及其具体位置 电梯销售员需要根据导轨入支架安装布置图仔细勘测导轨入支架的位置并确认它的数量。若是混凝土井道,则无须进行测量。电梯销售员还需要确认井道现场是否符合非标准的最终端导轨尺寸,还要去测量每一个门洞的高度,每一层顶层高度与底坑深度。通过现场实测所获得的参数信息,确认井道条件是否符合公司井道技术条件中的要求。

(2) 利用井道剖面示意图对布局与预留孔洞进行现场勘测 电梯销售员还需要进行现场勘测的是机房布局以及预留孔洞,电梯销售员需要在读懂机房布置及留孔图的基础上对照所预留的孔洞进行详细的勘测。

电梯安装项目中有许多设备都需要预留孔洞,如减速器、主机等,还要确认每一个厅门外面是否符合土建要求,如厅门高度、外户的预留以及线缆排布等。

(3) 比对井道勘查记录表核验井道技术条件 现场井道勘测的重点在于核验井道技术条件。根据电梯项目的楼盘名称分别查验井道壁的机械强度、承载能力、顶部结构、提升高度、相邻门间的地坎间距等信息,从而确保建筑蓝图上所标示的井道技术条件都符合电梯安装进场前的施工要求。

那么核验井道技术条件的检查内容主要包括哪些呢?

1)井道壁必须拥有足够强的机械强度,并且能够满足多种不同类型电梯各种运行工况下的受力要求。

2)假若电梯井道采用钢结构,那么必须提供钢结构井道承载能力验收证明。

3)电梯井道平面尺寸的设计应保证能满足轿厢、对重以及导轨等安装要求,同时其相应的安全间距应满足井道剖面示意图的设计要求。

4)井道顶部结构及顶层高度应确保在完成安装后,其设计的顶层空间高度符合标准要求。如现场勘测顶层高度与设计高度的误差等。

5)井道周边所选用的围梁及预埋件等应满足导轨和层门的安装要求。

6)电梯实际提升高度以及各电梯层门、井道安全门以及相对应的检修门井道开口的设计应与预订参数及施工图样相符,并且满足电梯承载与相关规范的要求。

7)当相邻两层门的间距超过11m时,那么其间距应当设置高度不小于1.8m、宽度不小于0.35m的井道安全门。

以上这些井道技术条件都需要仔细勘测并且记录于井道勘查记录表中。若是所勘测结果与电梯图样或者实际安装效果发生出入,那么电梯销售员一定要及时反馈,并与现场技术负责人沟通,对于不足的地方安排改善或者重新调整。

(4)比对电梯井道的尺寸、形状与布置情况　电梯销售员需要拿着建筑蓝图仔细核验电梯井道的尺寸、形状与布置情况。电梯井道的尺寸以及形状会对电梯载重量的选择产生非常大的影响,因为它可能会对超出载重要求的轿厢面积进行限制,从而导致轿厢无法完整安装至电梯井道上。

基本上所有的电梯工厂都有各自的轿厢与井道标准,建筑物井道尺寸肯定会对电梯种类的选择产生影响。因此电梯销售员需要根据合同签订的电梯型号仔细勘查现场的井道尺寸是否符合建筑蓝图设计要求。载重量越大的电梯对于井道所需的面积也就越大,有些客户可能会为了尽量节省建筑物的面积而缩小井道建筑面积,但实际电梯安装却需要大载重量的井道,进行现场比对勘查的目的就是为了避免此类现象的发生。

较小的井道面积在电梯运行过程中所产生的活塞效应也是非常明显的,这种活塞效应一方面会增加电梯正常运行时的消耗,另一方面也会增加电梯运行的噪声。这是电梯销售员需要反复勘测井道面积与尺寸的重要原因之一。当然,井道尺寸并不是越大越好,因为井道尺寸过大会浪费建筑物的建筑面积,也可能会导致电梯工厂无法提供合适的导轨与支架。因此,电梯销售员进行电梯井道的尺寸、形状与布置情况比对,就是为了确定合适的井道尺寸以便减少建筑成本,并且选择相适宜的位置安装导轨支架与导梁。

(5)电梯井道的排列位置和结构形式　电梯销售员在对照建筑蓝图勘测过程中,还需要仔细确认电梯井道的排列位置和结构形式。因为电梯井道的排列位置和结构形式也会影响电梯的配置,甚至会影响整幢建筑物的交通情况。

假如某建筑物中设有多个井道,那么这些井道的排列位置在很大程度上会决定电梯的控制方式。许多建筑物中,为了提升电梯的运输效率,在设置电梯控制方式时一般选用联控或者群控方式,但是若井道的排列位置出现问题,则有可能导致建筑物无法采用联控以及群控等高效的控制方式。

例如，若4个井道并列或者采用面对面方式排列，可以实现4台电梯的群体控制，若采用背向排列，则最多只能有两台电梯采用并联方式进行控制。若两台电梯设备之间有一定的距离或者有障碍物，那么只能选择单控形式进行。因此井道的排列位置和结构形式对于电梯的选型配置有着不容忽视的重要作用。当需要集中设置多台电梯时，需要考虑联控或者群控方式，那么所设置的电梯井道距离不宜过大，一般来说，以并排布置的井道间距不超过8m、对面布置的井道不超过6m为宜。

电梯销售员除需要检查以上特殊的井道技术条件外，还需要仔细检查井道清理过程中有无杂物、井道结构与土建图是否完全一致、井道厅门上部与下部的固定点是否已安装完成、井道开口防护工作是否已完成、井道照明工作是否已按照计划如期完成、井道顶部吊钩是否已设置完毕等。

2. 底坑勘测需要做的工作内容

电梯安装进场前的建筑蓝图初期勘测也是为了确定土建的施工进度，而底坑在土建前的工程检查也是为了确保其符合电梯安装进场前的施工条件。电梯销售员要尽可能多地掌握更多的底坑勘测知识，因为在井道勘测作业中，电梯销售员需要确认底坑的技术条件是否已符合建筑要求，如底坑的布置是否已符合电梯项目的安装要求，底坑的深度是否已符合电梯产品的安装条件等。

通常底坑勘测需要做的工作主要包括以下几点。

1）井道底坑的防水工作已按照计划完成。最害怕井道底坑出现积水，因为井道底坑地势就非常低，若遇暴雨或者出现其他漏水，那么积水过多的底坑便无法进行电梯安装作业。

2）底坑已按照计划完成积水与杂物的清理工作。

3）底坑爬楼已按照计划施工完成。

4）底坑下部已设置单独的通道便于行人到达。

5）进行底坑现场勘测时还需确定底坑的地面强度已满足GB 7588—2003中规定的各种受力要求。假如轿厢与对重之下有空间便于行人通过，那么其受力强度应满足不小于$5000N/m^2$的应用标准。

6）底坑深度与底坑空间在安装电梯后应保证符合设计要求。

电梯销售员在确认电梯井道与底坑符合电梯安装进场前的施工标准后，便可以在井道勘查记录表上详细登记所检查井道与底坑的楼盘、项目、安装地点以及编号等信息。待电梯安装进场后，便可抽调相应的勘查记录表进行比对，以避免电梯工程项目出现较大的安装误差。除此之外，电梯销售员还需要确认电梯的机房、井道以及底坑等相关土建工程均已符合电梯施工的条件要求。

三、楼层

在完成井道勘测后，电梯销售员还需要确认每一楼层的情况，因为不同建筑住宅区所涉及的土建情况以及现场调研情况各有不同。在进行全面土建前还需要对每一楼层进行深入细致的勘测，如层数是否已确定，盲层是否已在规划的要求内，门洞的高度与宽度、呼机安装位置是否已预留，开门距离是否已满足要求（因为它与开门方式以及开门作业效果息息相关）等。那么在勘测过程中需要注意哪些问题呢？

（一）再次确认电梯的层数已确定

电梯的层数设计是按照前期的建筑蓝图综合确认的，但是有些楼房住宅在建筑过程中可能会因为设计偏差，而导致电梯层数发生变化。因此电梯销售员需要实时与现场负责人保持沟通，并且仔细确认现场电梯的安装楼层不会再发生变化。

（二）盲层是否已在规划的要求内

因用户使用上的特定需要，那些已设计及安装好的电梯在安装和使用过程中暂时或永久取消在某些层站停靠，致使电梯虽保留了该层站的门区信号装置，但电梯正常运行时不再停靠，这些被取消正常停靠的电梯层站就是通常所说的盲层，与盲层相对应的电梯层站为有效层站。

有部分设计员在设计时会忘记考虑盲层的状况，在井道勘测后，电梯销售员需要与现场负责人再次沟通盲层是否已标注于图样上，在按图施工时盲层应如何进行设置。一般来说，电梯盲层应符合不留下安全隐患的原则，同时还要确保电梯盲层设置符合相应的安全要求和技术措施，这对于提升电梯运行安全技术水平具有非常重大的意义。

（三）门洞的高度与宽度

电梯销售员还需要确保门洞的高度与宽度已符合要求。通常设计员会在建筑蓝图上标注电梯门的高度与宽度，但是在实际建筑施工过程中可能会出现稍许误差，因此在正式施工前需要对每一楼层门洞的高度与宽度进行再次确认。

（四）层站呼梯盒安装口（孔）是否已预留

电梯每一楼层都需要安装呼梯盒，在土建施工时楼层呼梯盒需要按照图样的要求预留。

除此之外，电梯销售员还需要确认电锁、电梯对讲系统通信线缆已按照要求预留，这些主要用于控制机房与监控室之间的通信。

（五）开门距离是否已满足要求

电梯在不同楼层停靠时都有固定的安全开门距离，也就是轿厢门和厅门的最大开距。如载重1000kg以下的标准开门尺寸为800mm×2100mm；载重为1000kg的标准开门尺寸900mm×2100mm；载重为1100～1600kg的标准开门尺寸为1100mm×2100mm。当然，电梯开门尺寸可以根据客户以及现场施工的要求做非标处理，如加宽或者加高都是可以处理的。这就要求电梯销售员在进行楼层现场确认时，再次勘测实际的开门距离是否已满足安全要求。开门距离与开门方式以及开门作业效果息息相关，同时与消防安全管理规范有着密不可分的关系。

四、与现场责任人前期沟通

作为一名称职的电梯销售员还需要掌握更多人员沟通技巧。如电梯销售员还需要与现场的责任人去沟通入场的具体手续、具体时间以及必要的施工条件是否已满足，现场的道路是否已通畅，现场是否已有相适宜的卸货场地，如何保障电梯部件在安装现场不会被偷盗、不会损坏，是否还涉及二次搬运、二次卸货等问题。只有在前期的沟通中确认条件已满足安装要求，才能安排发运与运输事宜。与现场责任人的详细沟通主要包括以下几点。

（一）电梯入场的具体手续

电梯从发运到入场一般需要经过较长的时间，在到场前电梯销售员需要提前与现场责任人确认具体的入场手续，如新施工电梯进场需要备案证明、基础图、技术参数、合格证（安装公司的安装资质、安全生产许可证、安装人员名单、安装人员证件）等，只有待这些资料准备齐全并经过查验后方可放行。若电梯销售员未经过提前沟通便发运，那么有可能导致部分文件遗漏而无法办理入场手续。

（二）电梯入场的具体时间

电梯安装运输都需要大容量车辆，因此对于施工现场运输通道的要求比较高。到场前电梯销售员需要与现场责任人预约具体的入场时间，以便现场责任人提前清理运输通道，安排卸货人员卸货，并且安排质检人员对电梯零部件进行开箱验收。

（三）必要的施工条件是否已满足

电梯安装入场前电梯销售员需要与现场责任人保持紧密联系，以确保必要的施工条件已得到满足。如井道底坑已按照要求挖坑完毕、底坑排水已按照施工规范执行以及井道底坑照明条件已具备等。

（四）现场的道路准备情况

电梯销售员在与现场责任人沟通中，还需要详细咨询现场的道路准备情况。因为电梯作为大型特种设备，对于现场道路的卸装要求比较苛刻，需要确认现场的道路是否已通畅，现场是否已有相适宜的卸货场地，从而避免电梯安装入场后没有适宜的卸货场地而造成多余的仓储费用。

（五）电梯在现场的安全存储情况

在发运电梯产品前电梯销售员还需要与现场责任人沟通电梯的安全存储情况。如现场责任人是否已安排固定的存储位置存储电梯，并且拥有保障电梯部件在安装现场不会被偷盗、不会损坏的具体措施与制度，因为电梯入场后的所有权会进行交接，它的安全保护权与存储权已归客户方，但是为了确保电梯项目安装顺利进行，电梯销售员有责任与义务监督电梯在现场的安全存储情况。

（六）二次搬运、二次卸货

电梯销售员需要时刻与现场责任人保持密切沟通。因为有些电梯安装现场有可能会因为场地问题而导致二次搬运、二次卸货等问题，因此高效且实时的沟通便于电梯销售员及时掌握现场的搬运与卸货状态，如现场责任人确定存储仓库后，便无须在电梯产品入库后再拉出来、重新搬运或者重新存储。

五、工程现场情况

电梯工程现场的土建情况是非常重要的，因此不同建筑地区的工程现场是各不相同的，光看设计图样所有的工程现场都是一样的，只有通过实地勘测土建状况，才能根据实际的土建状况制定更加可靠的土建方案。特别是电梯安装入场前对于每幢楼层站、底坑、井道宽、井道深等井道参数的现场勘测，一定要十分准确，这是确保土建现场工程质量的先决条件。

（一）道路情况

电梯安装项目的实际勘测范围非常广泛，而道路情况则是必要的勘测要点。因为电梯体积比较庞大，需要通过宽敞的道路才能运送至施工现场，假如安装现场的共有道路和绿地比较多，有可能会导致车辆进入困难，那么便需要对道路情况做出适当调整。

（二）临时用水用电情况

电梯项目工程安装需要大量的水与电，如井坑需要混凝土浇筑、预留孔洞的钻孔与安装则需要电力作为支撑。若电梯项目施工现场接电用水困难，那么后续的电梯安装项目也会因此受阻，因此这些临时用水用电情况都是需要现场确认的。

如机房内应配备永久的动力配电箱，它应符合 GB 50310—2002《电梯工程施工质量验收规范》，并且确认其相关的功能已符合现场用电要求。确认动力电源线（380V 三相四线、独立地线和 220V 照明线）等均已接入电箱柜中且可随配随用，确认主电源开关能够切断电梯正常使用情况下最大的电流，对有机房电源该开关可从机房入口处接入。

除此之外，确保安装施工用的临时电源已送到首层、顶层以及间隔 5 层的中间楼层，并距离井道门口附近不超过 25m 处，其负荷每台电梯不小于三相 380V/20A、单相 220V/15A。每增加一台电梯需增加 40%的供电负荷，且所有的临时电源都要符合随时通电使用的原则。

（三）现场放置电梯物料的仓储情况

电梯项目工程需要很多的安装器械、物料以及安全保护工具，这些工具与物料一般直接存储于电梯物料仓库中，因此要求现场施工环境中已拥有防盗、防潮且面积足够大的储藏室，可用于存储贵重的器械、物料以及某些必要的安全保护工具。电梯销售员仅根据图样是无法确认电梯物料的仓储情况的，只有对安装现场进行实地调研才能准确获取仓储信息。

（四）楼与楼之间的情况

对电梯项目工程现场勘测时还需要仔细调研楼与楼之间的情况。如某些楼与楼之间没有过渡的电梯，那么容易导致物料运送困难，而对楼与楼之间的情况进行实地调研，就是明确楼与楼之间有无安装故障或者会不会出现安装困难的因素。

电梯销售员积极进行现场勘测是非常有必要的，因为所勘测的实际结果是电梯销售员进行合理报价的必要条件。对这些内容了解越全面、越充足，那么相对应所提交的报价也就越合理、越准确，越有助于降低后期增加的业务风险。

（五）现场电气照明状况

电梯项目工程现场勘测时还需要确认现场电气照明状况是否已符合施工要求。如在机房内的照明应设有固定的电气照明设备，地板表面上的照明度应不小于 200lx。同时机房内应设有一个或者多个电源插座，在机房内靠近入门的适当高度处应设有一个开关或者类似装置控制机房照明电源。无机房电源开关应设置在井道外工作人员比较方便接近的地方，当然在这些地方必须要做好充足的安全防护工作。

只有现场施工条件得到准确确认,才能保证后续电梯安装业务的稳步开展,从而避免出现现场突然断水断电或者照明不足等异常情况。

【知识拓展】

图 5-1 为电梯土建现场勘查表。

电梯土建现场勘查表

编号:				日期:	年 月 日	(度量单位: mm)		
申请单位					☑新图	□修改	□确认	
联系人			联系方式		邮箱地址			
项目名称					电梯数量			
电梯类别	□客梯	□货梯	□观光梯	□医梯	□汽车梯	□液压电梯	□家用梯	□杂物梯
机房位置	□有机房	□无机房	□见其他说明	主机类型	□同步	□异步	□见其他说明	
层站门	层		站	门	载重量	kg	额定速度	
轿厢尺寸	内宽		内深		控制方式	□单控	□并联	□群控
开门尺寸	宽度		高度		外召类型	□单体式	□一体式	
开门方式	□中分	□双折左开	□双折右开	□中分双折	□中分三折	□见其他说明		
是否贯通	□无贯通	□中分贯通	□中分双折贯通	□双折贯通	左开 层	右开 层		
井道结构	□混凝土	□砖混	□砖墙	□其他	门套类型	□小门套	□大门套	墙厚 mm
其他说明								

注: 1. 旁开门左右开定义为人在厅门外向井道内看
2. 底坑下确实有人能够到达的空间需特殊注明
3. 如井道或机房内有特殊情况用文字说明不清楚的,请用草图加以描述

序号	参数名称	实际尺寸(允许偏差±10mm约整)	
1	井道尺寸	净宽	净深
2	机房尺寸	净宽	净深
3	机房净高	层站	层高
4	顶层高度	−3F	
5	底坑深度	−2F	
6	提升高度	−1F	
7	井道总高	1F	
8	门洞尺寸	2F	
9	牛腿尺寸	3F	
10	圈梁间距	4F	
		5F	
注: 现场门洞左右门垛土建情况		6F	
		7F	
		8F	
		9F	
		10F	
门垛结构有特殊情况需注明			

图 5-1 电梯土建现场勘查表

电梯营销

【单元自测】

1. 现场勘测时,对于图样的检查要点有哪些?
2. 现场勘测时,对于井道的检查要点有哪些?
3. 现场勘测时,对于楼层的检查要点有哪些?
4. 现场勘测时,与现场责任人前期沟通内容有哪些?
5. 现场勘测时,对工程现场状况要了解的内容有哪些?

【单元评价】 (见表5-2)

表 5-2　单元评价

序　号	知　识　点	配　分	自 测 结 果
1	现场勘测时对于图样的检查要点	2	
2	现场勘测时对于井道的检查要点	2	
3	现场勘测时对于楼层的检查要点	2	
4	现场勘测时与现场责任人前期沟通内容	2	
5	现场勘测时对工程现场状况要了解的内容	2	

单元三　电梯土建勘测节点与勘测内容

【知识导图】

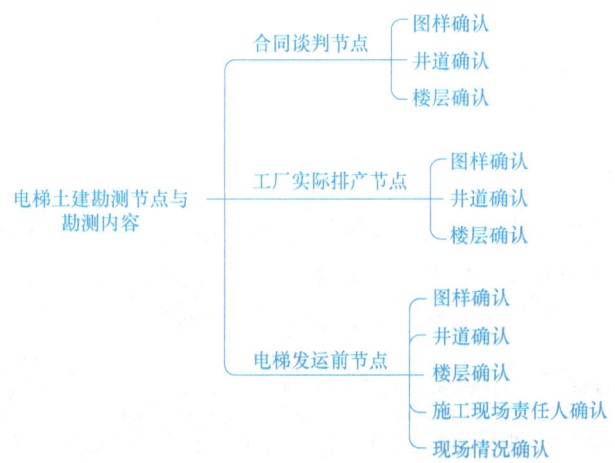

电梯销售员会在关键节点对电梯项目现场进行重点勘测，关键节点主要包括以下三个：合同谈判节点、工厂实际排产节点以及电梯发运前节点，每个节点的勘测内容以及侧重点都是不一样的。绝大多数情况下电梯销售员需要去现场勘测的节点信息是没有办法一次性获取的，因此电梯销售员需要在每一个节点不断去补充与矫正现场勘测情况，尽量做到合理与准确，如此方能有助于合理报价以及项目安装完成，从而确保项目执行过程中不会频繁出现价格与成本的变化。

一、合同谈判节点

（一）合同谈判节点的图样确认

在合同报价谈判阶段，若现场状况还没有形成，这时电梯销售员就需要去专注建筑蓝图以及本公司的土建图样，并与客户进行确认。按照公司的图样进行报价，这时可将双方已确认的图样附在合同或者报价单内，这份附入图样就相当于一个凭据与依据，便于后续沟通。

（二）合同谈判节点的井道确认

在合同报价谈判阶段，若现场状况已经形成，这时电梯销售员就需要结合现场确认与原始图样制作报价单与合同。当然，此时电梯销售员需要做的是借助原始图样去现场勘测尺寸，然后再由电梯公司根据现场勘测的情形绘制土建图，同时向客户建议具体土建变更的要求。此时若需要提交报价单，电梯销售员要在报价单中预留土建整改的费用。

（三）合同谈判节点的楼层确认

不管报价时现场状况形成还是未形成，电梯销售员都要明确电梯产品的安装数量、每台电梯的承载数、每个楼层门洞的尺寸、开门距离（影响开门方式）、层高、机房、顶层高度、底坑深度、预留孔洞等信息，所有现场勘测的内容与数据都要细细思量，力求全面无遗漏。

二、工厂实际排产节点

（一）工厂实际排产节点的图样确认

在工厂实际排产阶段，通常现场建筑模型已基本完成。这时电梯销售员需要做的就是对比图样与现场实际安装的差异，列出有可能会影响价格与施工的部分，并将变化提交客户确认，只有客户完全确认变更后的图样，才能进行下一步的生产与发运。

（二）工厂实际排产节点的井道确认

电梯销售员还要对井道进行实际测量，仔细校验合同图样与现场所测量的井道数据是否存在差异，列出有可能影响井道施工与价格的部分，将此部分变化的原因以及价格变动的理由提交客户确认。如施工现场井道的底坑底面顶板的强度不够，不符合安装要求，那么在实际勘测后要进行必要的整修与整改，对于这部分整修与整改所产生的价格变动都要以书面的形式告知客户，并且请求客户确认并协助修改。

（三）工厂实际排产节点的楼层确认

电梯销售员还需要实测每一层电梯的层高、门洞尺寸等，且需要确定盲层。若需要变更井道，那么电梯销售员一定要第一时间与客户以及电梯公司沟通，以便通过沟通获得更好的解决方案，然后进行客户变更，并重新与客户签订变更协议。

三、电梯发运前节点

（一）电梯发运前节点的图样确认

发运节点的勘测主要集中在发运前，在这个阶段电梯销售员主要确认变更后的节点与图样是否保持一致。有些客户经过多次节点变更，导致某些数据与图样出现了较大的偏差，因此在电梯发运之前，电梯销售员需要拿着更新后的图样核对实际将要出货电梯数据的一致性。若发现图样与变更后的节点不一致，那么必须以书面通知形式告知客户，并且跟客户申请变更发运日期。

（二）电梯发运前节点的井道确认

电梯发运前还需要仔细进行井道确认。进行井道确认是为了确保现场施工按照图样要求进行整改，并且再次确认井道符合施工条件。按照相关要求与规范，电梯销售员需要对井道进行现场测量并且做好记录，同时也要掌握井道数据及其具体的测量方法。电梯销售员现场确认井道信息主要包括以下几点：

1）井道的积水已成功排除。
2）井道内的垃圾已彻底清理干净。
3）井道的顶层高度与底坑深度等相关参数经过实测后已满足井道施工要求。
4）井道的安全保护措施已建立。
5）井道的通风照明工作已完成。
6）井道内已完成了临时供电供水的安装与设计。

（三）电梯发运前节点的楼层确认

电梯销售员还需要确认各楼层是否已符合相应的施工要求，如楼与楼之间的道路情况是否符合运输要求、楼与楼之间的高度是否已测量准确，以及楼与楼之间的搬运道路是否已畅通无阻。若楼与楼之间的搬运道路有杂物或者其他异物堵塞，必须提前进行清理，各楼层道路清理完毕后，再通知电梯公司发运，这是为了避免电梯产品在搬运过程中因为道路问题而导致运输受阻，而增加某些不必要的仓储费用。

（四）电梯发运前节点施工现场责任人确认

电梯销售员需要与现场责任人进行沟通，从而确保现场已做好接收电梯产品的准备。如现场责任人已安排清理运输道路，已安排固定的仓储人员负责接货，已安排相应的人员清点电梯产品的数量和件数，并且相关人员需要非常熟悉电梯产品的配件，能够对电梯产品查验缺损，同时还需要将清点记录反馈给现场责任人。

（五）电梯发运前节点的现场情况确认

电梯销售员还需要确认现场是否已具备电梯产品发运条件。电梯项目之所以会产生额外费用，如保管费、二次搬运费以及其他特殊费用等，都是由于现场状况未得到准确确认，如小区道路不符合运输条件，需要人工搬运，从而导致搬运费用大幅度增加。

以上有关图样、井道、楼层、人员以及现场等信息都需要发运前进行再次确认。因为电梯现场施工会由于施工进度的变化而出现不同的情况，因此无论哪个批次的电梯在发运前都要重复进行节点确认。

【知识拓展】

施工现场准备的内容

1. 搞好"三通一平"
"三通一平"是指水通、路通、电通、场地平整。
路通：施工现场的道路是组织物资运输的动脉。拟建工程开工前，必须按照施工总平面图的要求，修好施工现场的永久性道路（包括厂区铁路、厂区公路）以及必要的临时性道路，形成完整畅通的运输网络，为建筑材料进场、堆放创造有利条件。

水通：水是施工现场生产和生活不可缺少的。拟建工程开工之前，必须按照施工总平面图的要求接通施工用水和生活用水的管线，使其尽可能与永久性的给水系统结合起来，做好地面排水系统，为施工创造良好的环境。

电通：电是施工现场的主要动力来源。拟建工程开工前，要按照施工组织设计的要求，接通电力和电信设施，做好其他能源（如蒸汽、压缩空气）的供应，确保施工现场动力设备和通信设备的正常运行。

平整场地：按照建筑施工总平面图的要求，首先拆除场地上妨碍施工的建筑物或构筑物，然后根据建筑总平面图规定的标高和土方竖向设计图样，进行挖（填）土方的工程量计算，确定平整场地的施工方案，进行平整场地的工作。

2. 施工场地的控制网测量

1）按照设计单位提供的建筑总平面图及给定的永久性经纬坐标控制网和水准控制基桩，进行厂区施工测量，设置厂区的永久性经纬坐标桩、水准基桩和建立厂区工程测量控制网。

2）在测量放线时，应校正经纬仪、水准仪、钢尺等测量仪器；校验结线桩与水准点，制定切实可行的测量方案，包括平面控制、标高控制、沉降观测和竣工测量等工作。

3）建筑物定位放线，一般通过设计图中平面控制轴线来确定建筑物位置，测定并经自检合格后提交有关部门和建设单位或监理人员验线，以保证定位的准确性。沿红线的建筑物放线后，还要由城市规划部门验线以防止建筑物压红线或超红线，为正常顺利地施工创造条件。

3. 搭建临时设施

按照施工总平面图的布置，建造临时设施，为正式开工准备好生产、办公、生活、居住和储存等临时用房。

4. 安装、调试施工机具

按照施工机具需要量计划，组织施工机具进场，根据施工总平面图将施工机具安置在规定的地点或仓库。对于固定的机具要进行就位、搭棚、接电源、保养和调试等工作。对所有施工机具在开工之前进行检查和试运转。

5. 做好施工现场的补充勘探

对施工现场做补充勘探是为了进一步寻找枯井、防空洞、古墓、地下管道、暗沟和枯树根等隐蔽物，以便及时拟定处理隐蔽物的方案并实施，为基础工程施工创造有利条件。

6. 做好建筑构（配）件、制品和材料的储存和堆放

按照建筑材料、构（配）件和制品的需要量计划组织进场，根据施工总平面图规定的地点和指定的方式进行储存和堆放。

7. 及时提供建筑材料的试验申请计划

按照建筑材料的需要量计划，及时提供建筑材料的试验申请计划，如钢材的机械性能和化学成分等试验，混凝土或砂浆的配合比和强度等试验。

8. 设置消防、保安设施

按照施工组织设计的要求和施工总平面图的布置，建立消防、保安等组织机构和有关的规章制度，布置安排好消防、保安等措施。

9. 拆除障碍物

1）施工现场的一切地上、地下障碍物都应在开工前拆除。

2）对于房屋的拆除，一般只要把水源、电源切断后即可进行拆除。若采用爆破的方法，则必须经有关部门批准，需要由专业的爆破作业人员来承担。

3）架空电线（包括电力、通信）、地下电缆（包括电力、通信）的拆除，要与电力部门或通信部门联系并办理有关手续后方可进行。

4）自来水、污水、煤气、热力等管线的拆除，都应与有关部门取得联系，办好手续后由专业公司来完成。

5）场地内若有树木，需报园林部门批准后方可砍伐。

6）拆除障碍物的，留下的渣土等杂物都应清除出场外。

【单元自测】

1. 合同谈判节点的土建勘测内容有哪些？
2. 工厂实际排产节点的土建勘测内容有哪些？
3. 电梯发运前节点的土建勘测内容有哪些？

【单元评价】　（见表5-3）

表5-3　单元评价

序号	知识点	配分	自测结果
1	合同谈判节点的土建勘测内容	3	
2	工厂实际排产节点的土建勘测内容	3	
3	电梯发运前节点的土建勘测内容	4	

模块六
电梯招投标

【情境导入】

对于客户来说,找到理想的、有能力承担电梯项目工程安装的公司是至关重要的,若能以最经济合理的价格获得最满意的服务与电梯产品,这才是项目工程获取最大利益的关键。根据项目建设工程的通常做法,很多客户一般都是通过招标或其他竞争方式选择相适宜的供货单位。市场调研表明,绝大多数的电梯业务都是选用招投标方式进行的,因此掌握相关招投标技巧对于电梯销售员来说同样有助于电梯销售业务的开展。

【情境分析】

掌握更多的招投标技巧、明确招投标操作的基本流程以及掌握招投标应用方法将大大有助于提升中标率。对于电梯销售员来说,这也是提升销售业绩、获取更多优质客户的重要途径之一。

【学习目标】

1)了解电梯项目招标类型。
2)了解电梯项目投标步骤。
3)了解如何解读招标文件。

单元一 电梯项目招标类型

【知识导图】

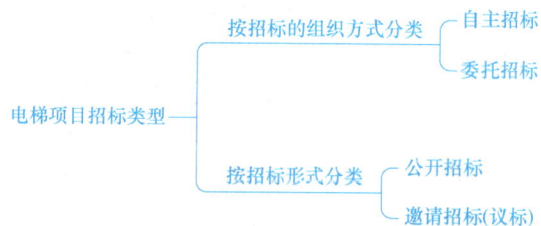

根据《中华人民共和国招标投标法》规定，电梯作为特种设备，需按照国家指定的方式在公共媒体上发布招标公告，提出电梯招标项目和要求，符合一切条件的一切法人或者组织均可以参加投标竞争，都有同等公平竞争的机会。

电梯招标既可以按照招标的组织方式分类，也可以按照招标形式进行分类。按照招标的组织方式分类时，主要分为自主招标与委托招标；按照招标形式进行分类，则可以分为公开招标与邀请招标（议标）。不同类型的招标有不同的特点，这是电梯销售员在进行电梯项目招投标作业时必须要关注的要点。

一、按招标的组织方式分类

根据相关规定，招标人可以自行办理招标事宜，也可以委托招标代理机构代为办理。招标人若自行办理招标事宜，则应当具有编制招标文件以及具备组织评标的能力；反之，若招标人不具备自行举办招标事宜的能力，则必须委托给具有相应资质的招标代理机构代为处理建筑项目的招投标事宜。

（一）自主招标

自主招标的主体主要是业主，业主会根据自身项目的特点去制定相对应的招标流程。业主调解招标文件过程中，需要沟通的节点相对来说要少一些，自主招标的特点主要包括招标主体为业主、招标流程个性化、投标保证金进入业主账户。

1. 招标主体为业主

根据市场调研分析表明，绝大多数电梯工程项目的招标主体都是业主，这里的业主包括房地产开发单位与总包单位等。这些业主拥有较大的自主权，会根据电梯工程项目的发展状况以及这个楼盘项目的特点去制定相对应的招标流程。《中华人民共和国招标投标法实施条例》规定，投标人参加依法必须进行招标的项目的投标，不受地区或者部门的限制，任何单位和个人不得非法干涉。但是与房地产开发单位与总包单位等业主存在利益关系的个人或者其他组织，则不得参加投标，若单位的负责人为同一人或者存在控股与管理关系的不同单位，这部分人则不适宜参加同一标段投标或者未划分标段的同一招标项目的投标。若违反以上相关规定，那么即使是业主招标，其招标结果仍然是无效的。

当投标人或者联合投标的组织发生合并、分立以及破产等重大变化时，应当以书面的形式通知招标人。这时的投资人不再具备资格预审文件、招标文件规定的资格条件或者其他影响投标公正性的行为，这些投标也是无效的。

2. 招标流程个性化

绝大多数的房地产开发单位与总包单位之所以喜欢采用自主招标，是因为自主招标的招标流程相对来说更加个性化。如越来越多的业主喜欢采用电子化、无纸化的招标作业流程，相比传统的现场招标要更加简略，所有的招标作业流程都更加实用化，部分业主是无须到场，直接通过电子投标就选定了电梯工厂。许多参与电子投标的个人或者组织都觉得这种招标流程不仅有个性，还大大有助于简化流程，当然许多的电梯项目工程为了确保招投标顺利进行，部分业主更倾向于选用现场招投标方式进行。

3. 投标保证金进入业主账户

自主投标需要缴纳一定的投标保证金，这是业主为了确保招标活动能够维护自身的利益，故而要求参与投标的单位或个人缴纳一定的投标保证金，缴纳了投标保证金的个人或者组织才能够参与相关的招标活动，不然就没有资格参与电梯工程项目招标。而这些个人以及组织所提交的投标保证金全都进入了业主账户。

在招标前业主已花费了大量的人力、物力以及财力安排电梯项目工程的招标事宜，假如投标人在投标有效期内在无正当理由的情况下撤回投标文件，就会导致招标人蒙受大量的损失。同样，中标人若已被确定，特别是已完成合同协议书的签订作业后，假如投标人突然放弃中标项目，那么此时业主作为直接招标人将会蒙受巨大损失。因此，法规所设定的投标保证金就是保障招标人招标项目的顺利开展和中标后项目顺利完成的必要措施。

电梯销售员除了需要关注投标保证金的提交、运用、退还等基本原则外，还需要格外关注投标保证金的金额以及具体的支付方式，同时还要考虑确保投标保证金的安全。

（1）投标保证金的提交

1）进入交易管理中心交易的招标项目，由中心统一管理建设工程项目应提交的投标保证金。

2）投标人需在招标文件规定的时间内，一次性足额存入中心投标保证金专用账户，并依资金实际到账时间为准。

3）投标保证金需采用银行转账或电汇等缴纳方式，不直接收取现金、个人存折。

4）投标人在缴纳投标保证金时，需在进账凭证上写明投标项目名称、投标单位名称（全称）、联系人及联系方式，以便核对查实。

（2）投标保证金的运用

1）开标前，招标中心会根据银行部门提供的"资金到位明细单"、电子银行查询单及中介机构提供的"工程投标单位签到表"予以核对。在确认无误后，由中心出具保证金到账证明。

2）凡出现投标保证金未到位或者未足额提交等与招标文件要求不一致的情况，均自动取消其参加该工程投标的资格。

3）中介机构会将中心财务所提供的资金到位证明收集到招标备案文件中，予以备查。

（3）投标保证金的审批

1）交易管理中心负责核对以及提交投标保证金的到位手续；负责收集并核查退还保证金的单据；负责办理呈送领导审批。

2）交易管理中心会按照有关财务管理规定管好资金，保障资金安全，及时、准确、足额办理退款手续。

（4）投标保证金的退还

1）非中标候选人，在中标公示期结束后 5 日内，可以办理退还投标保证金（因投标人投诉或质疑可能造成重新评标的，在投诉或质疑处理完后 5 日内，但应告知投标人推迟退还投标保证金的原因）。

2）其他中标候选人的，在中标人与招标人签订《合同书》后 5 日内，可以办理退还投标保证金。

3）中标人依签订的《合同书》（复印件）或提交履约担保，并缴纳交易服务费后，可以办理退还投标保证金。

4）按照"资金从哪里来，原样回哪里去"的原则，办理投标保证金无息退款手续，应提供以下材料：提供所在单位收款收据或者银行转账存入回单的复印件加盖本单位公章、经办人签名；首次办理退还手续的，应提交《银行开户许可证》（复印件）以及中标人需要提供的上述相关证明。

（5）投标保证金的金额 投标保证金是指在招标投标活动中，投标人随投标文件一同递交给招标人的一定形式、一定金额的投标责任担保。设立投标保证金的目的主要是为了保证投标人在递交投标文件后不得撤销投标文件，中标后不得无正当理由不与招标人订立合同，在签订合同时不得向招标人提出附加条件或者不按照招标文件要求提交履约保证金，否则，招标人有权不予返还其递交的投标保证金。

电梯工程项目的投标保证金的金额是不同的，有些电梯工程项目会因为所需安装的楼盘较多、投资工程所涉及的金额较大，故而它所需缴纳的投标保证金也较大。无论是自主招标还是委托招标，招标人都会在招标文件中规定投标保证金的具体金额，一般来说主要包括以下四种情形：

1）工程建设项目：《工程建设项目施工招标投标办法》和《工程建设项目货物招标投标办法》均规定，投标保证金一般不得超过投标总价的 2%，最高不得超过 80 万元人民币。

2）勘查设计项目：《工程建设项目勘察设计招标投标办法》第 24 条规定，招标文件要求投标人提交投标保证金的，保证金数额一般不超过勘查设计费投标报价的 2%，最多不超过 10 万元人民币。

3）政府采购项目：《政府采购货物和服务招标投标管理办法》第 36 条规定，招标采购单位规定的投标保证金额，不得超过采购项目概算的 1%。

4）《中华人民共和国招标投标法实施条例》适用于工程建设的施工、勘查、设计、监理、设备采购等，投标保证金不得超过项目估算价的 2%。

（6）投标保证金的安全 作为一名专业的电梯销售员，需要根据不同的招标主体去关注这个招标项目的真实性，以降低投标保证金的某些潜在风险以及保障投标保证金的安全。

如电梯销售员在提交投标保证金后一定要拿到投标保证金交付证明，在提交投标保证金前仔细核对投标保证金转账账户的真实性、可靠性，并且将投标保证金转账账户抬头与招标公司抬头进行核对，以避免投标保证金进入其他账户而无法取回。

除此之外，电梯销售员需要认真研读有关投标保证金提交、退回以及不予退还的相关条件，避免因为投标失误而导致投标保证金被招标方扣留。

（7）投标保证金的提交方式　电梯销售员应根据《中华人民共和国招标投标法》明确投标保证金的几种提交方式：①支付现金。若是小型的电梯工程项目，所需的投标保证金金额较小，那么选择支付现金还是非常合适的。②支票。绝大多数的投标单位还是非常喜欢选用支票支付方式的，因为它是银行签章保证付款的支票，在全国各地都是通用的。③银行汇票。银行汇票就是通常所说的电汇，它需要收款方的详细收款信息。④银行保函。⑤由保险公司或者担保公司所出具的投标保证书。电梯销售员可以根据电梯项目工程状况以及工厂的实际状况选择适合的提交方式，但是无论哪种方式，在提交前都要确保投标保证金的安全性。

（二）委托招标

委托招标产生的先决条件是招标人不具备自行举办招标事宜的能力，故而将所有与建筑项目相关的招投标事宜全权委托有资质的组织或者招标代理机构代为处理。《中华人民共和国招标投标法》规定：招标代理机构是依法成立的、从事相应的招标代理工作并且提供与招标相关服务的社会中介组织。

招标代理机构一般来说都需要具备以下条件：①有从事招标代理业务的固定营业场所以及充足的资金储备；②拥有能够编制招标文件和组织评标的专业力量。

委托招标的特点主要包括：招标主体为招标代理公司，招标流程相对标准，投标保证金进入招标代理公司，通常会有中标服务费。所谓的中标服务费，有的投标组织称之为"交易服务费"，因为这是为招标投标交易提供场地的交易中心收取的。

1. 招标主体为招标代理公司

业主会将所有的电梯招标事宜全权委托给招标代理公司，这些招标代理公司都是具有相应的招标资质且符合相关要求的。依据《中华人民共和国招标投标法实施条例》，招标代理公司在招标人委托范围内开展与招投标相关的业务，任何单位和个人都不得出面干涉。但是招标代理公司不得在所代理的招标项目中投标进行或者进行代理投标，也不得为所代理的投标项目的投标人提供咨询。

对于电梯销售员来说，不仅要关注招标代理公司的合法性以及他所代表电梯工程项目的规格，还要重点关注这些招标代理公司的规模。因为很多招标代理公司都是以组织的形式存在，自然人是无法从事招标代理业务的，但这些招标代理公司对于投标人的资质以及评标结果具有审核权。一般来说，招标代理公司的规模越大，他的资质审核以及评标管理相对来说要越严格。

2. 招标流程相对标准

众所周知，招标是一项复杂的系统化工作，有完整的程序，环节多，专业性强且需要组织繁杂的各项工作。业主若是自行安排招标也需要经历这些流程，但是部分业主可能会由于经验不足而导致部分招投标出现疏漏。而由业主指定的招标代理公司安排电梯项目工程的招标事宜，它的招标流程相对来说更加标准规范。但业主去调解招标文件时，他关注的节点相对来说比较多一些，如确认招标文件是否违反规定、招标文件的具体流程是否与预计工期相冲突等。

3. 投标保证金进入招标代理公司

招标代理公司为业主安排电梯项目招标事宜时，它的投标保证金支付以及归还规则都会明确标注于招标文件中。但是业主选用招标代理公司代为安排招标事宜时，通常会有中标服务费，这是通过招标代理公司与业主自行招标较为明显的区别。因此，电梯销售员还需要学会电梯招标服务费的计算，各地方对于招标服务费都有明确的规定。

二、按招标形式分类

电梯项目按照招标形式分类，通常可以分为公开招标与邀请招标（议标）。这两种招标方式所关注的信息是不同的。《中华人民共和国招标投标法》规定：招标人可以根据招标项目本身的要求，在招标公告或者投标邀请书中，要求招标人提供有关资质证明文件或者业绩证明，同时也可对投标人进行咨询审查，但是招标人不得以不合理的条件限制或者排斥潜在投标人，当然也不可以对潜在投标人实行歧视待遇，这个原则无论在公开招标还是邀请招标中都是适用的。

《中华人民共和国招标投标法实施条例》进一步规定，招标人需要按照资格预审公告、招标公告或者投标邀请书规定的时间、地点发售资格预审文件或者招标文件。一般来说资格预审文件或者招标文件的发售期不得少于5日。招标人在发售预审文件后、招标文件收取的费用应当限于补偿印刷、邮寄的成本支出，但是需要确保这些都不是以盈利为目的的。

（一）公开招标

《中华人民共和国招标投标法》规定：招标人可以根据实际项目的应用需求，选择采用公开招标的形式进行。但是公开招标需要按照要求发布招标公告，在招标公告中需要具体载明招标人的名称、地址、招标项目的性质、数量、实施地点和时间，同时也要发布有关获取招标文件的办法以及相关注意事项。

公开招标的特点如下。

1. 公开招标采用公告的形式发布

公开招标主要采用公告的形式在公共媒体或者其他宣传媒体上发布，如招标人在国家指定的报刊、电子网络或其他媒体上刊登招标公告，吸引众多企业单位参加投标竞争，招标人从中择优选择中标单位。这种建筑招标的方式能够使业主在更广泛的范围内对参与投标的个人或者单位加以选择，以便开展竞争，防止出现垄断，有效提高承包商的竞争实力，使得电梯项目工程质量提高，工期缩短，造价降低。

公开招标虽然有很多好处，但也存在较多的缺点，因为它需要招标人对投标人资格加以大面积审查，再加上投标文件数量十分庞大，故而这种公开招标特别容易耗费较多的时间，并且易增加招标费用。

2. 招标对象为一切对招标项目感兴趣的法人或者其他组织

由于公开招标采用公开公告的方式进行，故而所有潜在的对招标项目感兴趣的法人或者其他组织均可以参与投标。作为招标人来说，无法提前确定参与招标者的数量，也无法确定投标文件的实际数量，这就容易导致整个投标过程中潜藏某些意外风险，同时评标委员会也会因为庞大的投标文件数量而增加更多的工作量。

《中华人民共和国招标投标法实施条例》规定，招标人不得以不合理的条件限制或者排斥潜在投标人，投标人有以下行为之一就属于限制排斥潜在投标人或者投标人：

1）就同一招标项目向潜在投标人或者投标人提供有差别的项目信息。

2）设定的资格、技术、商务条件与招标项目的具体特点和实际需要不相适应或者与合同履行无关。

3）依法必须进行招标的项目以特定行政区域或者特定行业的业绩、奖项作为加分条件或者中标条件。

4）对潜在投标人或者投标人采取不同的资格审查或者评标标准。

5）限定或者指定特定的专利、商标、品牌、原产地或者供应商。

6）依法必须进行招标的项目非法限定潜在投标人或者投标人的所有制形式或者组织形式。

7）以其他不合理条件限制、排斥潜在投标人或者投标人。

总而言之，公开招标应当公开透明、公平公正，并且依法合理对待各个地区的所有制与不同地区的市场主体，且不得以不合理条件或者产品来源等进行限制或者排斥。同时也要注意避免不正当竞争与反垄断行为，这对于营造公平公正的招标氛围具有非常重大的意义。

3. 竞争的范围较广

公开招标的招标方式是面向社会的，采用公开的方式进行，所面对的招标人是符合条件且对招标项目感兴趣的法人或者其他组织，因此这类公开招标在其公开程度、竞争的广泛性等方面具有较大的优势。电梯项目激烈的招标竞争也可以得到充分的体现，但是对于招标人来说可以大幅度增加选择的空间，招标人可以根据这个较大的选择范围，从众多的投标人中选择报价合理、工程较短、信誉良好且技术可靠的中标人。

由于公开招标参与人数众多，故而它的资格审查和评标的工作量相对来说比较大、耗时较长且费用较高，偶尔也有可能会因为资格预审把关不严而导致投标者质量参差不齐，因此发生鱼目混珠等现象。但对于采购标的较小的招标来说，采用公开招标的方式往往得不偿失；另外，偶尔有一些专业性较强的项目，有资格承接的潜在投标人特别少，或者需要在较短时间内完成采购任务等，这时则不宜采用公开招标的方式，反而选择邀请招标相对来说更有利些。

虽然公开招标的工作量较大，但是整个评标过程必须严格按照《中华人民共和国招标投标法实施条例》执行，评标委员会应当根据招投标法和本条例规定，按照招标文件规定的评标标准以及相应的方法，客观公正地对投标文件给出评审意见，招标文件中若没有规定的评标标准和方法则不得作为评标依据。当然，评标委员会成员也不得私下授受或者接触投标人，也不得接受投标人给予的财物以及其他好处；不得向投标人征询中标人的意见、不得向任何单位或者个人明示或者暗示倾向或者排斥特定投标人的要求，并且也不得出现其他不客观、不公正履行职务的行为。

（二）邀请招标（议标）

招标人除了可以采用公开招标外，还可以选用邀请招标。《中华人民共和国招标投标法》规定：招标人采用邀请招标的，业主或者招标代理公司应根据供应商或承包商的资信和业绩，向三个以上的特定法人或组织发出招标邀请，但是这些特定法人或组织应当具备承担招标项目的能力，并且它应拥有良好的资信。除此之外邀请招标书中也应当载明招标人的名称、地址、招标项目的性质、数量、实施地点、时间以及获取招标文件的办法等事项。

邀请招标亦可称为有限竞争性招标，招标人会事先考察或者筛选有实力、知名度较高的法人或者组织，并将投标邀请书发给这些已经过考察与筛选的法人或组织，邀请其参加投标。有时为了保护公共建设项目的利益，要避免邀请招标方式被肆意滥用。

邀请招标一定程度上可以弥补公开招标无法满足时间紧、项目专业性要求高且承包人少等招标项目的要求，它同时又可以相对较充分地发挥招标的优势。

各个国家的金融组织及世界银行等都有明确规定：按规定必须要招标的建筑工程项目，应优先采用公开招标方式进行。若必须采用邀请招标形式，则需向相关部门进行申请并经过批准后方可执行。但在某些情况下邀请招标的适用度还是非常高的，因此它的各项特点更符合招标人的要求。

邀请招标的特点介绍如下。

1. 邀请招标采用投标邀请书的形式发布

邀请招标指的是招标人在一定范围内邀请特定的法人或其他组织（有的科研项目的招标还可包括个人）参与投标。投标邀请书是根据客户的意向选择以及综合评定后发出，这种邀请招标相对公开招标而言，它无须登报或公告，招标人只要向特定的潜在投标人发出投标邀请书即可，故而其前期投入的时间与精力都比较少，这将大大有利于节省时间与费用。

绝大多数的邀请招标都是在已知供应商的前提下进行，如此一来客户便可节省电梯品牌公司的资料搜索工作和规范设计时间。这对于招标组织来说还大大有利于大幅度减少不必要的工作量，除此之外，邀请招标是基于同一条件邀请电梯品牌公司参与投标，所以对于不同的电梯品牌公司来说机会都是均等的。

2. 招标对象为指定的法人或者其他组织

邀请招标的招标对象是经过考察或者筛选的法人或者其他组织，因此招标人提前便已确定参与投标者的数量。故而它虽然不像公开招标那样限制投标单位数量，但是其公平竞争的本质是一模一样的，只是相比公开招标而言，它的竞争程度要更低些。因为参与投标的基本上都是接受邀请的特定法人或者组织，其他人则是无权索要招标文件并参加投标的。

邀请招标虽然事前已经了解过可以参与报价的单位，但是仍然需要通过招标才能做出最终的决定，故而采取这种方式大大有助于减少徇私舞弊现象。

3. 竞争的范围有限

邀请招标由于招标人邀请参与投标者的人数是有限的，因此它的竞争范围也是有限的。但是这类邀请招标由于控制了投标者的人数，因此招标人选择中标者的范围也会随之变小。这种邀请招标的缺点是有可能将一些在技术上或者价格上有竞争力的供应商或者承包商排除在外。

但是有些电梯销售员比较疑惑，应如何确保邀请招标的可靠性。如招标人若对新建的电梯工程项目缺乏足够的经验，对其技术指标尚无把握时，可以通过技术交流会等方式进行广泛摸底或者博采众议，在收集了大量的技术信息并进行评价后，再向选中的特定法人或组织发出投标邀请书，邀请被选中的投标者提出详细且全面的报价。

【知识拓展】

《中华人民共和国招标投标法》第二章　招标

第八条　招标人是依照本法规定提出招标项目、进行招标的法人或者其他组织。

第九条　招标项目按照国家有关规定需要履行项目审批手续的，应当先履行审批手续，取得批准。

招标人应当有进行招标项目的相应资金或者资金来源已经落实，并应当在招标文件中如实载明。

第十条　招标分为公开招标和邀请招标。

公开招标，是指招标人以招标公告的方式邀请不特定的法人或者其他组织投标。

邀请招标，是指招标人以投标邀请书的方式邀请特定的法人或者其他组织投标。

第十一条　国务院发展计划部门确定的国家重点项目和省、自治区、直辖市人民政府确定的地方重点项目不适宜公开招标的，经国务院发展计划部门或者省、自治区、直辖市人民政府批准，可以进行邀请招标。

第十二条　招标人有权自行选择招标代理机构，委托其办理招标事宜。任何单位和个人不得以任何方式为招标人指定招标代理机构。

招标人具有编制招标文件和组织评标能力的，可以自行办理招标事宜。任何单位和个人不得强制其委托招标代理机构办理招标事宜。

依法必须进行招标的项目，招标人自行办理招标事宜的，应当向有关行政监督部门备案。

第十三条　招标代理机构是依法设立、从事招标代理业务并提供相关服务的社会中介组织。

招标代理机构应当具备下列条件：

（一）有从事招标代理业务的营业场所和相应资金；

（二）有能够编制招标文件和组织评标的相应专业力量。

第十四条　招标代理机构与行政机关和其他国家机关不得存在隶属关系或者其他利益关系。

第十五条　招标代理机构应当在招标人委托的范围内办理招标事宜，并遵守本法关于招标人的规定。

第十六条　招标人采用公开招标方式的，应当发布招标公告。依法必须进行招标的项目的招标公告，应当通过国家指定的报刊、信息网络或者其他媒介发布。

招标公告应当载明招标人的名称和地址、招标项目的性质、数量、实施地点和时间以及获取招标文件的办法等事项。

第十七条　招标人采用邀请招标方式的，应当向三个以上具备承担招标项目的能力、资信良好的特定的法人或者其他组织发出投标邀请书。

投标邀请书应当载明本法第十六条第二款规定的事项。

第十八条　招标人可以根据招标项目本身的要求，在招标公告或者投标邀请书中，要求潜在投标人提供有关资质证明文件和业绩情况，并对潜在投标人进行资格审查；国家对投标人的资格条件有规定的，依照其规定。

招标人不得以不合理的条件限制或者排斥潜在投标人，不得对潜在投标人实行歧视待遇。

第十九条　招标人应当根据招标项目的特点和需要编制招标文件。招标文件应当包括招标项目的技术要求、对投标人资格审查的标准、投标报价要求和评标标准等所有实质性要求和条件以及拟签订合同的主要条款。

国家对招标项目的技术、标准有规定的，招标人应当按照其规定在招标文件中提出相应要求。

招标项目需要划分标段、确定工期的，招标人应当合理划分标段、确定工期，并在招标文件中载明。

第二十条　招标文件不得要求或者标明特定的生产供应者以及含有倾向或者排斥潜在投标人的其他内容。

第二十一条　招标人根据招标项目的具体情况，可以组织潜在投标人勘查项目现场。

第二十二条　招标人不得向他人透露已获取招标文件的潜在投标人的名称、数量以及可能影响公平竞争的有关招标投标的其他情况。

招标人设有标底的，标底必须保密。

第二十三条　招标人对已发出的招标文件进行必要的澄清或者修改的，应当在招标文件要求提交投标文件截止时间至少十五日前，以书面形式通知所有招标文件收受人。该澄清或者修改的内容为招标文件的组成部分。

第二十四条　招标人应当确定投标人编制投标文件所需要的合理时间；但是，依法必须进行招标的项目，自招标文件开始发出之日起至投标人提交投标文件截止之日止，最短不得少于二十日。

【单元自测】

1. 按招标的组织方式分类，招标类型有哪些？
2. 按招标形式分类，招标类型有哪些？

【单元评价】　（见表6-1）

表6-1　单元评价

序　号	知　识　点	配　分	自测结果
1	按招标的组织方式分类的招标类型	5	
2	按招标形式分类的招标类型	5	

单元二　电梯项目投标步骤

【知识导图】

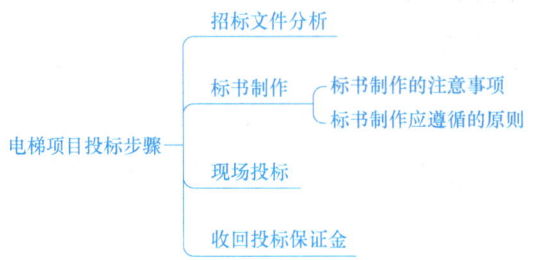

专业的电梯销售员还需要牢牢掌握电梯工程项目的投标步骤。通常电梯项目的投标主要分四步走：招标文件分析、标书制作、现场投标、收回投标保证金，在不同的时间节点电梯销售员需要完成相应的工作才能提升中标的概率，并且与客户争取下一次合作的机会。

一、招标文件分析

招标文件是招标人根据施工招标项目的特点和需要来编制招标文件的，电梯销售员在参与投标前需要对招标文件进行深入分析，同时需要结合电梯公司自身的条件与招标文件去做对比，根据招标文件所列项目的评分原则去预估整个投标的分数，从而预估投标的成功率，以便于确定后续的方案。电梯销售员对招标文件进行解析，需要明确招标文件所附录的前附表、投标须知、合同主要条款、合同格式以及工程量清单、技术规范、设计图样、评标标准和方法以及投标文件格式等所包括的要点。

招标文件中的前附表是投标人获取招标工程信息的重要文件。

合同的主要条款包括当事人的身份信息；合同标的、数量和质量；履行期限和方式；违约责任和争议解决方法等。

技术规范规定了本项目的适用标准与规范，这便于投标者对于项目的适用性以及具体情况有初步的了解与认识。

招标文件中的图样不仅是投标人拟定施工方案、确定施工方法、提出替代设计方案以及计算投标报价必不可少的资料，同时也是工程合同的重要组成部分。

至于评标标准和方法以及投标文件格式在招标文件中都会有详细的阐述，电梯销售员需要对招标文件所包含的文件进行逐条分析，以便制定合法、完整以及详细的投标文件。

因此为了减少招标文件的倾向性，电梯销售员应学会多分析、多观察，制定满足招标文件的指标，既要使其满足基本指标，又要使其获得公正合理的评标因素。

二、标书制作

电梯公司已确定参与投标，那么就必须根据招标文件去制作标书，同时支付投标保证金。因此电梯公司的销售团队在获取招标文件后，一定要仔细研读招标文件，对招标文件有疑点的要及时提出疑问并跟进招标文件补充和澄清文件。一般来说，常规的投标书制作需要尽量避免原则性错误与非原则性错误，有些非原则性错误可以被原谅，但有些原则性错误会导致投标资格被取消。

1. 标书制作的注意事项

电梯销售员在制作标书时应尽量避免出现哪些错误呢？

1）避免标书封面发生错误。标书封面发生错误主要是格式问题以及错字问题，电梯销售员在制作时需要仔细核对封面格式与招标文件格式的一致性以及封面标段是否与所投标段已保持一致。同时还需要确认企业法人或者委托代理人是否已按照规定签字或者盖章，是否已按照规定加盖单位公章，并且还需注意投标单位名称是否与资格审查时的单位名称相符。

2）确认目录内容与招标文件的一致性。电梯销售员还需要仔细确认标书的目录内容从顺序到文字表达都已按照招标文件的要求进行制作，并且目录编号、页码、标题内容已与内容编码（内容首页）以及标题保持一致。

3）确认投标书与附录文件的正确性。电梯销售员一定要反复核对投标书与附录文件中的内容，投标书中的格式、标段、里程需要与招标文件相符，其报价金额需要与"投标报价汇总表合计""投标报价汇总表""综合报价表"一致，无论是大小写还是中英文报价金额等都需要保持一致。

4）确认授权书、银行保函以及信贷证明等均已按照招标文件的格式填写。

5）确认报价表格已按照招标文件的格式、顺序等按规定进行填写。同时也要注意确保电梯"综合报价表"费用的齐全性，若有改动时更需要特别注意。另外还需注意"单项概预算表""补充单价分析表""运杂单价分析表"等数字的吻合性，并且还要确保工程数量与招标工程量清单的一致性。

2. 标书制作应遵循的原则

投标书是评标的主要依据，是事关投标者能否中标的关键。若想制作让人眼前为之一亮的高品质投标书，那么必须遵循以下几个原则：

1）"投标须知"莫弄错。"投标须知"是招标人提醒投标者在投标书中务必全面、正确回答的具体注意事项的书面说明，可以说是投标书的"五脏"。因此，投标人在制作标书时，必须对"招标须知"进行反复学习、理解直至弄懂弄通，否则弄得不好，就会将"招标须知"理解错，导致投标书成为废标。

2）"实质要求"莫遗漏。根据《中华人民共和国招标投标法》第三章第二十七条规定："投标文件应当对招标文件提出的实质性要求和条件做出响应"。这意味着投标者只要对招标文件中的某一条实质性要求遗漏，未做出响应都将导致废标。

3）"重要部分"莫忽视。"标函""项目实施方案""技术措施""售后服务承诺"等都是投标书的重要部分，也是体现投标者是否具有竞争实力的具体表现。倘若投标者对这些"重要部分"不重视，不进行认真、详尽、完美的表述，就会使投标者在商务标、技术标等方面失分，切莫因小失大以致最后落榜。

4)"细小项目"莫大意。在制作投标书的时候，有一些项目细小但却特别容易遭到忽视，稍一粗心大意就有可能影响全局，甚至导致整个电梯投标项目全盘皆输。这些细小项目主要包括：

① 投标书未按照招标文件的有关要求封记的。

② 未全部加盖法人或委托授权人印签的，如未在投标书的每一页上签字盖章，或未在所有重要汇总标价旁签字盖章，或未将委托授权书放在投标书中。

③ 投标者单位名称或法人姓名与登记执照不符的。

④ 未在投标书上填写法定注册地址的。

⑤ 投标保证金未在规定的时间内缴纳的。

⑥ 投标书的附件资料不全，如设计图样有漏页、有关表格填写漏项等。

⑦ 投标书字迹不端正，无法辨认的。

⑧ 投标书装订不整齐，或投标书上没有目录、页码，或文件资料装订前后颠倒的等。

综上所述：标书制作中的商务条款和技术规范应逐条应答对应标书中的合同条款。投标书的各项内容是各个投标书模块的简单集合，但一本优秀的标书却应是完备、专业且具有个性化的。完全针对项目需求提出方案并帮助招标人解决问题的标书才是最具竞争力的，另外，电梯销售员在制作时还需要特别注意易产生附加费用的项目，这些都应在投标价格中予以考虑，对于交货期和付款期的可行性也要给予充分的关注。

三、现场投标

完成标书制作后便可按照招标文件预定的时间与地点，去现场参与投标。因为现场投标拥有严格的时间规定，对于那些逾期送达的招标文件一般是不予处理的，简单来说就是迟到一分钟都有可能会因此丧失投标资格。

对于电梯销售新手来说宁肯早到十分钟，也别迟到一分钟，到达开标现场后进行签到，然后静待开标。开标时要仔细听唱标，最好是把所有公司的投标信息都记录下来，投标结果出炉后，电梯销售员需要根据投标结果做一个详细且深入的分析，然后将标书、招标文件以及其他相关文件做好归档。

四、收回投标保证金

电梯销售员在完成现场投标后，一定要记得及时去回收投标保证金。根据《中华人民共和国招标投标法》规定，投标保证金在招标人与中标人签汀合同后的5个工作日，退还未中标的投标保证金。签订合同的时间是中标通知书下发之后的30天（不作工作日要求）。对于已中标的公司，招标公司将会扣除投标服务费，并将余额汇至投标者的单位账户；而对于未中标的投标公司，投标保证金将会原路返回汇出账户，这就要求电梯销售员实时跟踪投标保证金的回收状态。

【知识拓展】

《中华人民共和国招标投标法》第三章　投标

第二十五条　投标人是响应招标、参加投标竞争的法人或者其他组织。

依法招标的科研项目允许个人参加投标的，投标的个人适用本法有关投标人的规定。

第二十六条　投标人应当具备承担招标项目的能力；国家有关规定对投标人资格条件或者招标文件对投标人资格条件有规定的，投标人应当具备规定的资格条件。

第二十七条　投标人应当按照招标文件的要求编制投标文件。投标文件应当对招标文件提出的实质性要求和条件做出响应。

招标项目属于建设施工的，投标文件的内容应当包括拟派出的项目负责人与主要技术人员的简历、业绩和拟用于完成招标项目的机械设备等。

第二十八条　投标人应当在招标文件要求提交投标文件的截止时间前，将投标文件送达投标地点。招标人收到投标文件后，应当签收保存，不得开启。投标人少于三个的，招标人应当依照本法重新招标。

在招标文件要求提交投标文件的截止时间后送达的投标文件，招标人应当拒收。

第二十九条　投标人在招标文件要求提交投标文件的截止时间前，可以补充、修改或者撤回已提交的投标文件，并书面通知招标人。补充、修改的内容为投标文件的组成部分。

第三十条　投标人根据招标文件载明的项目实际情况，拟在中标后将中标项目的部分非主体、非关键性工作进行分包的，应当在投标文件中载明。

第三十一条　两个以上法人或者其他组织可以组成一个联合体，以一个投标人的身份共同投标。

联合体各方均应当具备承担招标项目的相应能力；国家有关规定或者招标文件对投标人资格条件有规定的，联合体各方均应当具备规定的相应资格条件。由同一专业的单位组成的联合体，按照资质等级较低的单位确定资质等级。

联合体各方应当签订共同投标协议，明确约定各方拟承担的工作和责任，并将共同投标协议连同投标文件一并提交招标人。联合体中标的，联合体各方应当共同与招标人签订合同，就中标项目向招标人承担连带责任。

招标人不得强制投标人组成联合体共同投标，不得限制投标人之间的竞争。

第三十二条　投标人不得相互串通投标报价，不得排挤其他投标人的公平竞争，损害招标人或者其他投标人的合法权益。

投标人不得与招标人串通投标，损害国家利益、社会公共利益或者他人的合法权益。

禁止投标人以向招标人或者评标委员会成员行贿的手段谋取中标。

第三十三条　投标人不得以低于成本的报价竞标，也不得以他人名义投标或者以其他方式弄虚作假，骗取中标。

【单元自测】

1. 电梯项目招标分为哪些步骤?
2. 电梯项目标书制作的注意事项有哪些?
3. 电梯项目标书制作应遵循的原则有哪些?

【单元评价】（见表6-2）

表6-2 单元评价

序 号	知 识 点	配 分	自测结果
1	电梯项目招标步骤	4	
2	标书制作的注意事项	3	
3	标书制作应遵循的原则	3	

单元三　如何解读招标文件

【知识导图】

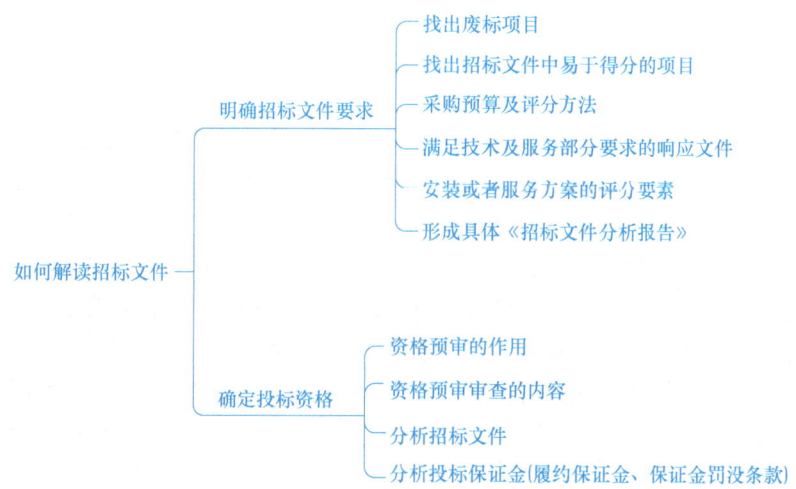

招标文件的正确解读对于招投标的成功具有非常重大的意义，如何解读招标文件？解读招标文件一般来说可以分为四个步骤：明确招标文件要求、确定投标资格、分析招标要求、分析投标保证金（履约保证金、保证金罚没条款）。

一、明确招标文件要求

无论是电梯项目投标还是其他项目投标，投标单位在获取投标资格以及投标文件之后，首先要做的就是静下心来认真仔细地研读招标文件，充分了解招标文件的内容与要求，以便后续能更有针对性地安排投标工作。研究招标文件的重点应放在审查投标须知、合同条款、设计与施工图样、工程范围以及工程量表上，同时还要细细研究技术规范要求以确定是否有某些特殊要求。

投标人对部分投标文件的内容或者细节存有疑虑时，可以在招标答疑会上向招标单位进行提问以获得解答。

招标人在发布招标文件时都会有一个招标答疑会议，在招标答疑会上招标单位会明确澄清技术、商务、资质以及承诺等方面的内容。特别是有关废标以及罚没投标保证金的要求，招标文件都会有一张招标要求的清单，所以电梯销售员一定要非常认真仔细去看清单上的内容。

(一) 找出废标项目

对于招标文件的要求一定要仔细查找废标项目。电梯销售员可以将招标文件中明确指出易导致废标的因素全部找出来，这是为了在标书编写与装订过程中可以规避废标节奏。一般来说"投标须知""资格审查部分""标书装订"的要求等地方都是经常容易出现废标要求的地方，其中一些带星号的条款也是分散在招标文件中。

不废标是电梯工程项目不废标的最基本要求，一旦因为微小错误而出现废标危机，则有可能会导致整个项目前期的商务工作白做，甚至会导致购买标书、编写标书、现场参加开标所耗费的时间以及与之相关的费用都白费了。

(二) 找出招标文件中易于得分的项目

招标文件会明确标出不同项目的得分表，同时会对评分规则做出明确的说明。电梯销售员需要按照满分的标准清楚地列出易于得分的项目，考虑得满分应给出什么样的答案。

得分表中的答案就是标书编写的关键素材，这需要电梯销售员及其公司的生产团队相互配合、分工协作寻找相应的资料。如纳税凭证、社保凭证、审计报告、投标保证金缴纳及其凭证就需要电梯工厂的财务公司进行配合，而业绩合同与资质证书则需要行政部门配合提供。业绩合同是招标文件中的必备项目，它算是招标文件中易于得分的项目，可以增强公司的说服力，并且增强评标环节的得分能力。

(三) 采购预算及评分方法

招标文件中的采购预算及评分方法起决定性作用，因为报价的高低有可能直接影响中标率的高低。招投标一般是采用最低评标价法和综合评分法。最低评标价法是指投标文件满足招标文件全部实质性要求，且投标报价最低的投标人为中标候选人的评标方法。作为电梯销售员来说最低评标价法是在成本的基础上加上合理利润综合确定的。根据《中华人民共和国招标投标法》第五十一条规定，投标报价低于成本，评标委员会应该具有否决其投标的权利。

(四) 满足技术及服务部分要求的响应文件

投标文件必须包含满足技术及服务部分要求的响应文件，像电梯类大型设备必须按要求提供技术参数、产品检测报告、企业产品说明书、企业产品标准等文件并进行说明。对于电梯工厂的供货能力则需要展示投标人的生产场地、生产设备、检测设备等包含具体生产过程的要素图片，还需要提供厂房的租赁合同或者产权证书、购买的设备等，以及投入生产、检测团队专业技术人员的资格证书以及学历证书等。

(五) 安装或者服务方案的评分要素

投标文件中必须提供施工或者服务方案的评分要素。当然不同的采购项目对于安装或者服务方案的要求各不相同，在编写过程中所体现的内容也是千差万别的，电梯销售员如何理解评分细则中的要求，以及标书编写者的经验在不同类别的标书中呈现的结果也是不同的。

对于电梯类技术性比较强的安装服务项目，标书编写者需要与电梯公司的技术人员进行深度沟通或者由安装工程师提供资料，如此方可写出比较专业的施工与服务方案。

（六）形成具体《招标文件分析报告》

《招标文件分析报告》是一张"地图"，可以让整个参与电梯项目投资的成员都能按图索骥，同时这也是一张任务清单，是具有完成时限、责任人的项目管理表。

正确理解招标文件并且获取文件上的清单是电梯销售员销售成功的先决条件。只有正确理解文件才能避免出现文不对题、废标以及低分等意外情况。综上所述，在解读电梯项目招标文件时需要对安装或者服务方案的评分要素、满足技术及服务部分要求的响应文件、采购预算及评分方法、找出废标项目以及找出招标文件中易于得分的项目等加强重视。

二、确定投标资格

在确定投标资格前，一般都需要经过资格预审。所谓资格预审，是指投标人在招标开始之前或者开始初期，对申请参加投标的潜在投标人的资质条件、业绩、信誉、技术、资金等多方面的情况进行资格审查，符合资格预审要求的潜在投标人方可参加投标。

（一）资格预审的作用

1. 便于招标人充分了解投标人的情况

通过资格预审还便于招标人了解潜在投标人的资信情况，包括财务状况、技术能力以及有无类似项目工程的建设经验，便于招标人从中挑选出更加优秀的潜在投标人参加投标，避免将合同授予不合格的投标人的风险。

2. 便于淘汰不合格的投标者降低招标费用

若电梯公司不符合资格预审要求，那么投标申请将会被直接废掉。所以资格预审还有助于淘汰不合格的潜在投标人，以达到有效地控制投标人的数量、进而减少投标工作量、缩短评标时间的目的，这对于降低招标单位的评审费用也具有较大好处。除此之外，对于招标单位来说还有助于为不合格潜在投标人节约投标的无效成本。

3. 便于深入了解投标者对投标项目的兴趣

资格预审是投标前期一个重要的工作节点，招标单位之所以注重资格预审，是因为招标人可以借助资格预审了解潜在投标人对项目投标的兴趣。假若潜在投标人的兴趣远远低于招标人的预期，那么招标人可以通过修改招标条款，吸引更多潜在或者有兴趣的投标人参与竞争。

（二）资格预审审查的内容

1. 投标公司及相关人员的资质

电梯销售员应认真审查投标文件并关注资格预审的内容。资格预审通常会涉及投标公司的资质、参与者相关人员的资质，这些都会在招标文件上有明确要求。如投标公司是否具有独立法人资格的企业，并且营业执照、税务登记证、组织机构代码证或"三证合一"营业执照齐全，而它下面的相关人员是否已具备对应的建筑与安装资质且所有的员工都具有五险一金社保缴纳证明等。

2. 投标者的财务状况

资格预审还会审查投标人的公司财务状况，包括财务报表、纳税证明以及注册资金。投标公司需要提供详细且完整的财务文件作为证明，如经过审计的年度财务报表及会计事务所的财务审计报告，这些文件都可以如实反映投标公司的生产经营基本情况、利润实现和分配情况以及资金增减和周转情况等，电梯公司所拥有的财力越雄厚，在市场上的品牌影响力越大，那么对于成功拿下投标项目越有利。

3. 投标者的业绩

招标单位要在招标文件上提出业务要求，比较多的就是与招标项目类似的工程施工经验、合同清单，还有一些招标单位要求投标者提供具体投标设备型号的业绩，并且是在规定时间内的业绩。投标者所获得累积业绩越多，那就说明投标者的工作经验越丰富，这对于提升中标率具有非常大的好处。

4. 投标者的标准

资格预审审查的标准主要包括招标文件中要求的投标人产品的标准、质量的标准、工程施工的标准、售后服务的标准，招标人还要注意是否有地方性标准。

（三）分析招标文件

详细分析招标文件是成功制作一份优秀标书的必要条件。招标文件通常分为技术、商务、综合、标书格式与评分规则。

1. 技术

对于招标文件中的技术部分，电梯销售员需要明确招标要求，最需要关注的是对电梯产品的功能要求。招标文件对电梯产品的功能要求有可能与电梯公司产品书中的功能要求不一样，但是实质上它们指的是同一项功能，如果未去认真沟通，那么有可能在投标评分环节失分。

2. 商务

招标文件中的商务标部分会附录合同模板，针对商务标的合同模板要求，需要特别关注以下几点：标价、付款条件、交期与罚责。电梯销售员在制作时应尽量避免此部分内容出现不必要的偏离。当然，电梯销售员也需要根据电梯公司的实际情况做好必要的分控，毕竟投标与实际签合同还存在一定的差异。因此，电梯销售员需要特别注重投标保证的解读，从而在确保投标保证金不会被罚没的情况下去响应所有的商务标，以避免商务标失分。

3. 综合

在招标文件的综合标部分需要特别注意，尽量确保综合标的内容不会偏离招标文件的主体。有些电梯销售员特别注重招标文件前面部分内容，而导致综合部分的细节没有理解透彻，从而导致整个电梯投标项目失分，这些都是不应该出现的非原则性错误。

4. 标书格式与评分规则

电梯销售员制作标书需严格按照投标文件中的格式撰写，同时还要特别注意其评分规则。若是因为标书格式问题而被废标，那是非常可惜的一件事情。

无论在制作技术标部分还是在制作商务标部分时，电梯销售员都要根据实际的项目情况综合考虑电梯公司自身的成本要求，所有的内容都会展现在成本中，因此电梯销售员在制作标书时不能过于片面,要学会从全局考虑问题,同时也要平衡多方面的内容。

(四) 分析投标保证金(履约保证金、保证金罚没条款)

投标保证金是一种以金钱作为信用担保的潜在处罚手段与风险防范机制,具有方便、快捷、有效的特点,主要控制供给商投标时不服从治理、串标、行贿、弄虚作假、拒绝合作与执行等不良行为,履约保证金约束对象十分明确,主要指项目中标人。

电梯销售员在制作投标书时需要特别关注投标保证金。投标单位在递交投标书时需要提交不少于合同总金额1%的投标保证金,投标保证金以汇票、支票及现金形式提供,它会在投标有效期结束之日(即开标后60天)内无息退回。

电梯销售员还需要了解以下不予退还投标保证金的情况:

1) 中标人在收到中标通知书后,无法以正当的理由拒签合同协议书或未按招标文件规定提交履约担保金。
2) 中标人的违法行为导致中标被依法确认无效的。
3) 投标人在投标有效期内撤销或修改其投标文件。
4) 其他违法违规行为,经查情况属实的。

履约担保是工程发包人为防止承包人在合同执行过程中违反合同规定或违约,并弥补发包人造成的经济损失的一种方式。其形式有履约保证金(又叫履约担保金)、履约银行保函和履约担保书三种。履约保证金可用保兑支票、银行汇票或现金支票,履约保证金不得超过中标合同金额的10%;履约银行保函是中标人从银行开具的保函,额度是合同价格的10%以内;履约担保书是由保险公司、信托公司、证券公司、实体公司或社会上担保公司出具担保书,担保额度是合同价格的30%。发包人应在合同约定的承包人职责完成后,按照合同条款把履约保证金退还给承包人。

履约保证金则是投标商与招标人双方确保履约的一种财力担保,它是为了控制中标人合同履行过程中的折扣与水分问题,让中标人在合同执行前交纳一定数额的履约保证金。根据合同条款的约定要随时考核验收,发现问题限时整改,否则将会没收或部分扣除履约保证金。它的有效期限从提交履约保证金起,到项目竣工验收合格止。

【知识拓展】

实际招标工作中,由于观念认识、业务水平等方面原因,一些企业把法律规定的资格审查概念扩大化,滥用资格审查权,很多所谓的资格审查行为不伦不类、似是而非,貌似来源于法律规定,实际上与法律规定大相冲突。

在招标过程中,常见的误区有:

误区一:将企业内部市场准入等同于资格预审;
误区二:将确定邀请投标人名单等同于资格预审;
误区三:在招标文件发售环节进行"报名审查";
误区四:在投标文件接收环节进行"接收审查";
误区五:在开标环节进行"开标审查"。

【单元自测】

1. 解读标书主要包含哪两个方向的工作?
2. 对于招标文件要求需要明确哪些内容?
3. 如何确定投标资格?

【单元评价】（见表6-3）

表6-3 单元评价

序 号	知 识 点	配 分	自测结果
1	解读标书主要方向	2	
2	明确招标文件要求内容	4	
3	如何确定投标资格	4	

模块七
电梯项目谈判技巧

【情境导入】

电梯项目谈判是一个应用非常广泛的销售内容，它是实现顺利签约以及提升合同效果的重要保障。电梯销售员在进行项目谈判时，需要遵循谈判准备要素以及谈判原则，对于谈判中碰到的挑战要擅长总结，以便于在日常谈判中累积并掌握更多的谈判技巧。

【情境分析】

项目谈判本身就是一种心理上的博弈。无论是顾客还是销售人员，为了实现自己的预期目标，让自己尽可能获得更高的利益，就需要充分运用各种手段和技巧来赢得谈判的主动权。尤其是销售人员，为了吸引客户的注意，让客户对自己的产品产生兴趣并愿意购买，更需要充分借助各种策略来减少存在的阻碍因素，走出自己遭遇的销售困境。

【学习目标】

1）了解电梯项目谈判原则。
2）了解电梯项目谈判准备要素。
3）了解电梯项目谈判过程中经常遇到的挑战与应对技巧。

单元一　电梯项目的谈判原则与准备要素

【知识导图】

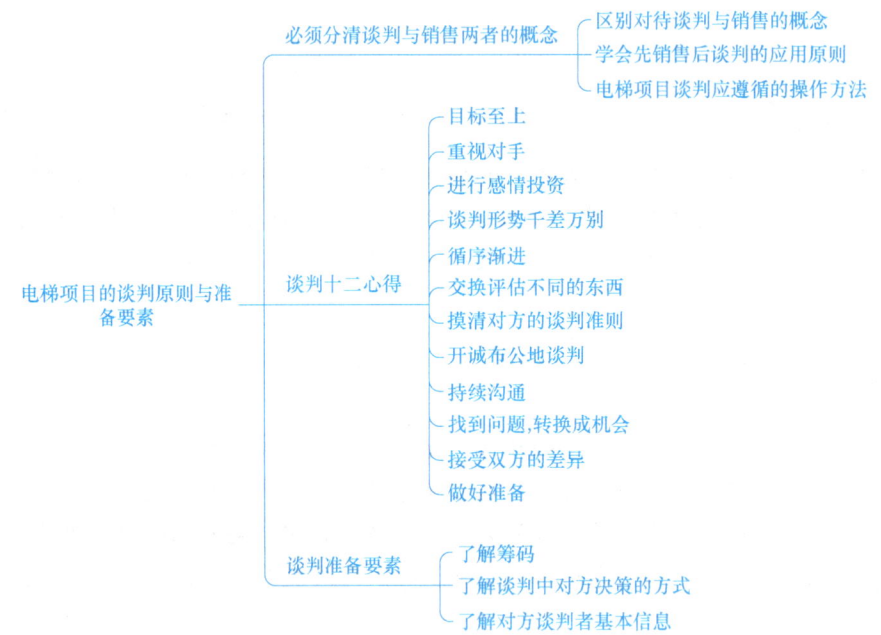

有些电梯销售员一直都希望寻找一些固定的谈判法则以提升谈判的成功率，事实上对于电梯项目谈判来说，最重要的还是谈判经验。当然电梯项目谈判在日常应用中还是拥有多个不同的原则可以遵循的，但是最基本的原则就是分清谈判与销售，同时还要掌握某些必要的谈判心得，这对于提升谈判成功概率是非常有效的。对于电梯销售员来说，经常进行电梯项目谈判可帮助自己快速提升，从而成为一个有能力的谈判高手。

一、必须分清谈判与销售两者的概念

（一）区别对待谈判与销售的概念

有部分新手电梯销售员经常混淆谈判与销售的概念，这是因为有部分新手电梯销售员急于促成订单交易，在客户未认可产品以及未确定下订单的情况下便急于展开价格以及付款条件的谈判。事实上这时与客户谈价格、谈付款条件都是无用的，即使谈成了，后期也未必会按照这个约定执行，反而会被其他人套取电梯报价与底价，假如客户再次回来商谈价格，那么销售员就会失去谈判的主动权以及筹码。

（二）学会先销售后谈判的应用原则

电梯销售员一定要遵循先销售后谈判的原则。因为若是客户还未就电梯产品以及产品安装达成初步认可，并且还没有确定是否要订购电梯产品，这种情况根本不具备谈判的前提条件，这时去跟客户去谈价格、谈条件以及其他内容，这种谈判即使成功了也未必能进行成功销售。因此电梯销售员一定在客户已经认可产品与认可方案的前提下进行谈判，只有在这种条件下，电梯销售员才能拥有与客户展开深入谈判的筹码。

一般来说，如果客户认同电梯销售员所推荐的电梯品牌，那么基本上也会接受电梯销售员所报来的价格。因为绝大多数的客户在洽谈前都有做过功课，对于常规电梯品牌的特性、品牌档次、优惠条件等都有初步的了解，在电梯品牌得到客户认可的条件下，再进行深层谈判时，电梯销售员便有了具体谈判的资本。

（三）电梯项目谈判应遵循的操作方法

1. 一定要学会先提问聆听

电梯销售员与客户接触的过程中，一定要学会先提问聆听，这其中包括用心地倾听和适时地确认。电梯销售员在与客户电话联系或者面对面交流时，一定要带有目的地去听，需要用心地听清楚客户对于电梯产品以及方案的具体要求，在提问聆听的过程中，电梯销售员需要挖掘与收集客户有意或者无意间流露的、对销售有利的信息，如电梯用途、电梯型号、电梯层站、载重量以及运行速度等。

当然在与客户相互接触交谈过程中，还需要学会适时询问，不能光靠客户一个人在那里介绍。一方面是为了表达对客户的尊重和正视，另一方面为了能够正确把握并理解客户所要表达的意思，同时，电梯销售员也要确保信息的准确性和正确性，客户若对所提交的方案有疑虑，那么电梯销售员需要根据疑虑的焦点进行论证说服，通过论证说服让客户认为所提供的方案是最优的，最后再获得口头承诺，并进一步达成口头协议。

除此之外，电梯销售员在与客户进行对话时，还需要学会观察，根据不同类别的客户选择不同的交流方式。如与年长的客户进行洽谈时，要适当放慢说话的速度，将洽谈表现得更像是家里人之间的谈心，处处表现出年轻人对年长者的贴心，当然在说话过程中也要注重收集电梯产品的市场信息；与中年客户进行洽谈时，需要极尽赞美之词，这就容易让对方找到更多的成就感；与青年人洽谈时，建议放开思路寻找共同的兴趣与爱好，如行业的运作模式以及当前电梯行业的营销理念等，找到共同话题，便可打开客户的话匣子，这对于进一步收集产品资讯还是非常有好处的。

2. 电梯项目谈判的提问要有针对性

对于销售业务来说，电梯销售员所提出的问题并不是漫无目的地随意乱问，所谓的谈判事实上也就是其中一种提问方式，但它针对的是客户的关注点，主要问客户的心理价位以及电梯项目的优先级别，只有通过提问与聆听，分辨清楚所有的项目情况，才能适当地采取报价。部分电梯销售员之所以电梯项目的成交率非常高，就是因为经常对项目中的关键客户进行有针对性地提问，因为针对性提问可以让客户在回答问题的过程中对自己所推销的电梯产品心生认同。

这些电梯销售员经常在与客户谈话之初就进行提问，直到电梯产品销售成功。而有针对性地提问可以采用以下方式进行：

"您好！听说贵公司打算进购一批品牌电梯，能不能请您说说您心中理想的品牌电梯产品有哪些要求呢？"

"我很想知道您选择合作厂商时最看重公司的哪些品质？"

"我们公司非常希望能与您这样的公司保持长期合作，不知道您是否有这个意愿呢？"

"如果我们公司能够满足您对电梯项目的所有安装与维保要求，并且能使您的公司产生极大的效益，您是否有兴趣了解我们公司所提供的电梯产品呢？"

从上面几句谈话可以看出，这位电梯销售员的提问是非常有系统性和针对性的，他先是弄清了客户的项目需求以及购买需求，为自己介绍公司及产品做好了铺垫，从而引起了客户对公司的兴趣，然后站在客户的立场上再提出问题，对整个洽谈局面进行有效的控制，最终促成交易，并为以后的长期合作奠定基础。可以看出，电梯销售员若是擅长提问也是成就销售好口才以及销售好业绩的重要因素。

事实上电梯销售的秘诀就是在于寻找对方心底最强烈的需要，怎样才能找到藏在客户内心的强烈需要呢？办法就是通过不断地提问，你问的越多，客户答的就越多；答的越多，暴露的情况就越多。如此一来电梯销售员便可一步一步化被动为主动，并且成功发现客户的需要。

3. 确保关联的付款条件、产品方案、交期以及质保情况已涵盖在报价中

电梯报价直接关联后续的付款条件、产品方案、交期以及质保情况等，所有的条件都会体现在报价里面。当然，某些客户不可能全盘接受报价中的内容，电梯销售员也不可能完全接受客户所提方案，通过各自的谈判技巧相互进行博弈，最后在双方都可接受的条件下达到平衡与一致。

4. 适当地让步以确保能获得更好的回报

电梯销售员在谈判过程中也可以根据实际情况做出适当地让步，而让出的条件是否是电梯销售的核心，这就是电梯销售员需要仔细斟酌的事情。一个优秀电梯销售员所让出的内容基本上都是无关紧要的，但却可以得到更好的回报；反之，若谈判失利则有可能会让出核心条件并且未达到预期的盈利要求，同时这也有可能会导致后期的合同执行产生很大的问题。

总而言之，电梯销售员一定要仔细区分谈判与销售的区别，只有掌握更多的谈判技巧才能更加优良地展开电梯销售工作。

二、谈判十二心得

电梯销售员在日积月累的谈判中会不断累积谈判技能与经验，这也是成熟销售员与新手销售员的区别。不同人所获得谈判心得是不一样的，但是电梯销售员若是能够完整掌握谈判十二心得并将它熟练应用到日常的电梯销售中，那么就有机会成为电梯销售高手。

（一）目标至上

谈判的第一要点是"目标至上"。进行电梯销售前一定要明确目标，电梯销售员与客户交谈过程中，当客户提出与谈判不相关的话题时，且这个话题具有一定的突出性，电梯销售员对于这种突出性问题没有提前准备，部分电梯销售员习惯性地去反驳这个问题并与客户就这个问题进行辩论。事实上这个问题并不在预计的目标范畴内，反而会让电梯销售员浪费许多时间与客户商谈很多没有结果的问题。

在进行电梯日常销售时，销售员一定要谨记"言多必失"，说得越多越容易让客户抓住把柄，从而使得电梯销售员在谈判中失去主动，甚至有可能会使整个项目变得非常鸡肋，因此建议电梯销售员在电梯谈判销售过程中尽量围绕销售目标展开话题。

（二）重视对手

谈判的第二要点是"重视对手"。电梯销售员在进行电梯销售前可以适当收集一些对手的资料，如说话方式、过往项目经历以及在项目中担任的角色等。无论是何种销售都不可能真正说服对手，因为能说服对方的只有对手自己，一般人都是很难被其他人所说服，若是碰到特别强势的对手，可以用试探性或者请教的方式进行销售，向他请教应该如何做更妥当，如此便于电梯销售员在谈话过程中抓住对方的漏洞，或者探测对方的底线，这就相当于用对手的规则去打败他自己，让他感觉最终达成一致是他的目标，而不是电梯销售员的销售目标。

（三）进行感情投资

谈判的第三要点是"进行感情投资"。作为客户来说，越是重要的项目越感性，因为这个项目对他非常重要，需要投入许多的时间、金钱以及情感，这就容易导致某些客户在谈判时出现不理性现象，有时还会存在较强的攻击性。而电梯销售员所要做的就是体会并进入客户的情感里，站到客户的角度去思考销售立足点，认真倾听客户的声音，了解他的担忧和想法，将心比心，从而寻找突破口。在谈判的过程中进行感情投资，就相当于抓住客户内心世界，从而使客户处于感性的状态。这时电梯销售员表征表现为感性，实际上整个过程表现为理性。

（四）谈判形势千差万别

谈判的第四要点是"谈判形势千差万别"。据市场调研显示，绝大多数的电梯销售员在去谈判前都会提前制定销售方案以及相应的谈判步骤，但是经验不足的电梯销售员会习惯性地将提前制定的销售方案中所要讲的内容或者想要谈判的内容一次性讲完。实际上在谈判过程中若是达成初步协议或者承诺，那么在后续谈判时尽量选择言简意赅的词汇进行概括，能说一句尽量不要说两句，避免进入客户谈判逻辑的圈套。如果一成不变地按照提前定制的销售方案完整陈述，一来这样做显得比较生硬，二来思路容易被打断且容易说错话，电梯销售员选择提问则是应对突如其来变化较佳的方式。

（五）循序渐进

谈判的第五要点是"循序渐进"。许多电梯销售员在项目谈判时容易犯的错误就是自我感觉良好，感觉客户特别信任自己，误判了对方的信任度从而一下子将步子迈得过大，事实上误判信任度是一些有经验谈判者所设置的圈套，无形中会让人感觉他非常信任你，从而让人得意忘形，甚至有可能使前面所获取的信任瞬间消失无形，并且因此功亏一篑。

建议电梯销售员在谈判过程中一定要保持谨慎，不要因为感觉客户信任你而得意忘形，甚至因此将谈判步伐扩大。高品质的谈判一定是循序渐进的，一般人都不可能有特别好的运气，能够在较短时间内攻下客户。电梯销售员若是感觉谈判特别顺利，那么更要保持谨慎客观的感觉，并且循序渐进地去谈判。

（六）交换评估不同的东西

谈判的第六要点是"交换评估不同的东西"。电梯销售员在谈判时需要学会去评估不同的东西，因为在一个项目当中会有很多要素需要商谈，如价格、付款方案、安装工期等，不同的项目所包含的要素各不相同。若某个电梯项目的预先报价非常高，那么就会有足够多的空间去让价；若某个电梯项目的交货期非常短，但是电梯销售员在报价时是按照长期进行报价的，这时便拥有足够的空间去确认交货期。

电梯销售员可以根据手上筹码优先级别的不同去判别客户的关注点，若客户特别强调这个项目的工期，而恰恰谈判时的工期预留了足够的空间，那么这时电梯销售员便可与客户交换最重要的东西或者机会，这种通过交换评估不同的东西，也是谈判非常重要的心得。

（七）摸清对方的谈判准则

谈判的第七要点是"摸清对方的谈判准则"。这一谈判要点也是面对强势谈判对手较为重要的法宝与法则，因为在销售业务中，若想要对方听从自己的建议与意见，那么必须用对方的规则来说服他。当电梯销售员面对某些强势企业时，进行谈判销售也是有一定的准则与规则的，而利用对方的规则来说服对方将会是其中一种较为有效的方法。

在销售业务中，绝大多数的企业都非常强势，这种企业在内部选择供应商或者合作企业时都有固定的规则与准则，销售员提前了解这种规则与准则是非常有用的。

如企业在选择供应商时，两家技术相近的供应商中存在取舍，那么电梯销售员便可以根据这种规则与准则去反问企业为何会做出这种选择。

（八）开诚布公地谈判

谈判的第八要点是"开诚布公地谈判"。众所周知，谈判的结果是建立在信任的基础上，如果说销售员在谈判过程中被对方发现在说谎，一旦被拆穿，那么所有的谈判将会被取消，甚至前面所谈成的一切都会被替代掉，因此对于电梯销售员来说，无论是哪个环节的谈判都要注意不能说谎，当然电梯销售员可以选择在谈判中保持缄默，但是说出口的话必须是可信的。

（九）持续沟通

谈判的第九要点是"持续沟通"。在整个电梯销售业务中一定要保持持续沟通，绝不主动停止沟通，在面对压力的情况下更是要学会控制情绪，避免情绪波动过大而导致失去主动权。若对方给的压力特别大甚至还出现了类似人身攻击的言语，这时电梯销售员仍然要保持以尊重对方为原则，并以非常平和的语气与客户进行交流。

这样做的好处主要包括以下两点：

1）可以正面展现出电梯销售员拥有成熟的品质以及专业销售人员的特性。

2）从侧面展现出电梯销售员的底气。这种底气表现在对产品质量的肯定、对客户的肯定以及对沟通的满意。

因为对方越激动就越会产生更大的压力，电梯销售员越是坦然自若或者坦然处之，便可使对方越快速地感受到语言的矛盾点或者行为的不妥当之处，经过一两轮交锋之后，对方也必然会按照节奏恢复到最自然的状态。

俗话说"伸手不打笑脸人"，所以当对方情绪激动或者表现失常时，作为专业的电梯销售员应保持镇定自若的态度，同时要面带微笑、保持社交礼仪，在这种氛围下正在谈判中的客户也会快速恢复理智。

电梯销售员在日常销售中面临销售压力是特别常见的事情，但是在面对高压环境时，应克制情绪保持主动沟通，如此方能向谈判客户争取更多的机会。

（十）找到问题，转换成机会

谈判的第十要点是"找到问题，转换成机会"。在电梯销售业务过程中最忌讳被对方揪住问题，打破砂锅问到底，谈判客户的这种表现并不一定是攻击行为，也有可能是刚好涉及客户的关注点。但是这可能也是一种将问题转换成交易的机会，此时电梯销售员应该抓住对方反复征询的问题，找出原因，这个问题就有可能转化为谈判客户最大的需求。获得这种良机的好处就是客户不会在意其他条件，只需要满足这一个条件即可，牢牢抓住这点就有可能促成电梯项目的成交。

（十一）接受双方的差异

谈判的第十一要点是"接受双方的差异"。双方谈判不可能真的完全达成一致，而是会存在一定的差异，但是这种差异也是一个机会，这是因为电梯销售的双方认识事物的角度、认知、知识结构不同，谈判时就会有一个思维的碰撞。电梯销售员在进行销售前应该接受双方的差异，不要一味感觉对方提了很多的要求、存在不一样的观点或者问题等，其实很多时候差异越多，可谈的范围也就越宽，机会也就越多。

（十二）做好准备

谈判的第十二要点是"做好准备"。电梯销售员在谈判前一定要做好准备，如准备很多开放性的问题，准备好对方情况的摸底调查。通过问一些准备好的问题，从而去寻找那些阻碍达成一致的问题点，只有找出全部的阻碍问题点，才可以真正推导出双方都可以接受的谈判底线。

综上所述，以上内容就是电梯项目谈判所要遵循原则，电梯销售员若是能够熟悉掌握这些原则，并在实践谈判中去领悟、灵活应用它，那么成为一个谈判高手的机会就在眼前。

三、谈判准备要素

无论是经验丰富的还是初出茅庐的电梯销售员，在进行新的谈判前都必须提前安排相应的准备工作，如准备谈判所需的资料、谈判服装以及开场白等。提前准备更多有利的谈判要素是电梯销售员必须完成的初期工作，而谈判要素的准备主要可以分成三步走：

（一）了解筹码

电梯销售员必须对谈判筹码有详细的了解。这就是说电梯销售员要明确参与这项谈判的依仗有哪些、对方要求的目的是什么，同时要对双方筹码的排序方法了然于胸，因为电梯项目谈判双方筹码的排序方法并不是完全一样的。

按照一般的规律来说，电梯项目谈判要准备的筹码以及其相应的排序方法都要仔细考虑清楚，如筹码以产品方案、交货期、安装质量、售后服务、价格以及付款条件为先后顺序，在这种情况下电梯销售员去放筹码时，越是往后的筹码越不要轻易去放，若想要放，可以说"我的产品方案可以优化，将会更适合您的需求和要求"，一般来说筹码可以先放交货期、安装质量或者售后服务，只有在最优的情况下才可以去放价格以及付款条件，因为在后续项目执行过程中，付款条件对于项目的影响经常会大于项目成交的价格。

针对不同的谈判者，筹码排序也是有先后的。总的来说客户关注的重点仍然集中在产品需求上，他会考虑他的项目预算和项目工期，因为项目工期与项目预算是息息相关的，同时客户还会考虑他的现金流情况，这对于电梯项目的付款条件就非常有利。

客户后续还会考虑安装质量跟售后服务，所以对方谈判者的筹码排序是产品需求、项目预算、项目工期、资金情况、安装质量以及售后服务。从这就可以看出双方筹码排序是不一样的，这就要求电梯销售员在谈判前，需要先摸清双方的筹码以及相应的排序方法。

（二）了解谈判中对方决策的方式

众所周知，谈判的目的是为了促使电梯项目达成一致，并且促使客户达成最终决策。这时电梯销售员应明确我们的客户都是电梯客户，他并不是个人，而是一个组织或者团体，每个组织或者团体的决策流程都是不一样的。而电梯销售员因为不知道对方决策的流程，所以无法确定对方派过来谈判的这个人对项目的最终决策权是否存在直接或间接的影响。

电梯销售员若没有提前了解对方及其相应的决策方式，这就容易导致电梯销售员自我感觉谈判良好，但是最终还是无法确定是否已拿下此项目，故而在实际电梯项目谈判中一定要避免出现此类情况。

（三）了解对方谈判者基本信息

作为一名专业的电梯销售员应提前搜集对方参与谈判人员的信息，如职位、年龄、性别、背景、在此岗位工作时间、以前是否有相关的工作经验、是否认同电梯销售品牌等。

搞清楚以上信息后便于快速开展谈判，并且掌握项目谈判的主动权，而成功的谈判不仅需要过硬的电梯品牌优质的价格作为支撑，还需要电梯销售员在销售过程中针对不同的谈判者采用不同的谈判策略。电梯销售员在谈判过程中有可能会碰到以下两种谈判者：

1. 经验丰富且年长的谈判者

若电梯销售员碰到的谈判对象是一位经验丰富的谈判者，并且他的年龄比较年长且在岗位上已经工作很多年了，那么这种谈判者所要的是相对稳定的产品，从而便于顺利将这个电梯项目做下来。

这时电梯销售员所提供的电梯销售方案要符合合情合理的原则，并且电梯品牌的价格与质量都在可以接受的范围内，那么电梯销售员便会很容易将这个项目做成功。因为这类谈判者往往不求有功，但求无过，在全面了解这类谈判者的需求后，电梯销售员便可有针对性做准备工作。

2. 经验浅但拥有雄心壮志的谈判者

若电梯销售员碰到的谈判对象是一位新手谈判者，他上任时间并不是特别久或者年纪较轻，这种谈判者就会想要借助谈判项目获得上升空间。那么电梯销售员所提供的电梯销售方案就要具备能够帮助他实现愿景的能力，如将电梯销售方案做得很漂亮，价格也做得很好，这样就能帮助他在公司内部争取更高的升职空间。

【知识拓展】

美国谈判学会会长尼尔伦伯格（G-INierenberg）认为需求是谈判的动力，谈判双方都是在对谈判对手有所求的情况下走到谈判桌前的。他主张谈判双方在要求对方达到自己一方需求的同时，要通过提问、倾听、观察等方法积极了解对方的需求，并共同寻求各种方法来满足双方的需求。

尼尔伦伯格在谈判理论中引入了马斯洛的需求理论。尼尔伦伯格认为谈判者的需求促进了谈判的发生和发展，满足双方的需求是谈判的基础。

把马斯洛的需求理论引申到商务谈判中，可以做如下七个方面的表述：

1）生理需求。指谈判对手所代表的企业的生存需求以及其本人在谈判过程中衣、食、住、行方面的需求，包括为产品找到销路，为企业正常运行寻求各种支持等。

2）安全需求。指在谈判中不出现重大失误，不被欺骗以及保证谈判者本人的人身安全等。

3）爱和归属感需求。谈判期间，己方谈判小组内部要建立和谐合作的关系，和谈判对手要建立融洽的友好关系。

4）自尊需求。谈判期间，谈判对手在履行职责时，希望得到领导的重视和对手的尊重。

5）自我价值需求。谈判期间，谈判对手希望用自己的业绩来证明自己工作的能力。

6）求知和理解需求。求知需求是指希望知道与谈判有关的知识，主要是了解谈判标底物的价格定位标准和质量标准；理解需求主要是指谈判对手希望己方的需求能得到对方的理解。

7）美学需求。指谈判标底物的设计、造型、颜色和包装等。

尼尔伦伯格根据需求理论中谈判者对双方需求的处理方式，将谈判策略分为六种类型：

1）谈判者服从对方的需求。
2）谈判者让对方服从己方的需求。
3）谈判者同时满足对方和己方的需求。
4）谈判者损害己方的需求。
5）谈判者损害对方的需求。
6）谈判者同时损害己方和对方的需求。

▎电梯营销

> 尼尔伦伯格又将谈判分为三个层次：个人之间、组织之间和国家之间。
>
> 这样，七种需求、六种策略和三个层次一共组成了 7×6×3＝126 种不同的谈判情况，为此可以制定 126 种相应的谈判策略。

【单元自测】

1. 电梯项目谈判应遵循哪些操作方法？
2. 谈判十二心得有哪些？
3. 谈判准备要素有哪些？

【单元评价】（见表 7-1）

表 7-1　单元评价

序 号	知 识 点	配 分	自测结果
1	电梯项目谈判应遵循的操作方法	3	
2	谈判十二心得	4	
3	谈判准备要素	3	

单元二　电梯项目谈判过程中遇到的挑战与应对技巧

【知识导图】

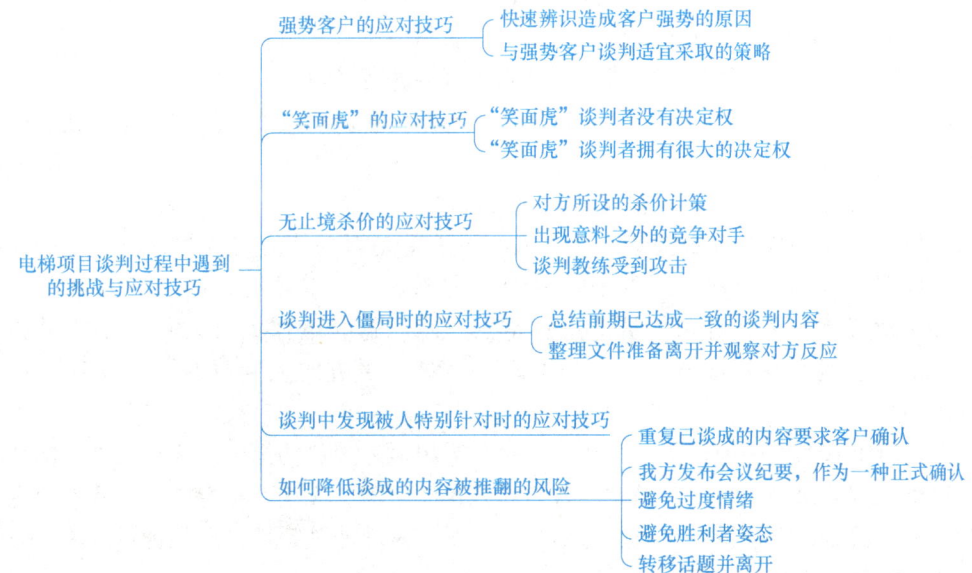

在电梯项目谈判过程中，经常会碰到不同的客户，因此也会接受不同的挑战，而面对不同的挑战，电梯销售员需要学会不同的应对技巧。如当谈判陷入僵局时，如何扭转不利局面，如何让自己的力量发挥到极致，如何使所达成的协议尽可能满足己方的利益等。当然作为一名称职的电梯销售员，应该利用一切可以利用的机会和条件，尽全力去扭转对自己不利的局面。以下为谈判过程经常遇到的挑战以及应对技巧。

一、强势客户的应对技巧

在电梯项目谈判过程中，有可能会碰到特别强势的客户。这种表现出来的强势可能不是真正的强势，背后可能是由不同的原因所造成的。这类强势的客户很少给你开口的机会，许多电梯销售员更是被这类强势客户问得哑然无声，并在后续的谈判中一直表现得小心翼翼。

（一）快速辨识造成客户强势的原因

在这种情况下，电梯销售员需要先分清楚这类客户强势的原因，一般来说客户表现出来的强势，背后都是有真正原因的。而造成强势的原因一般可以分为以下三种：

1. 个人风格比较强势

第一种类型就是个人风格所表现出来的强势，这种人本身的性格就比较强势，这也可以从另一方面说明这类人非常自信，但是却也非常感性。而感性往往也是销售产品重要的突破口，这时销售员应该让对方多说，并在此过程中了解他的逻辑和他公司决策的流程与规定，同时在谈判过程中利用他的逻辑与规定说服他。

2. 谈判者背后的组织比较强势

第二种类型就是参与谈判的人其背后组织非常强势，也就是说大公司本身的文化就是如此，对方并不是针对你，这样的话电梯销售员就无须过度担心。

通常强势的客户对于新手电梯销售员具有较强的威慑力，新手电梯销售员若心理素质较差，那么潜意识里自己就会处于弱势。如此一来谈判还没有开始就会把自己摆放在较低的位置，这是非常不利的，有部分电梯销售员可能会直接就范，对方说什么就是什么。这时电梯销售员可以保持适当的沉默，保持镇静，不要急于做出自己能接受的最大幅度的让步以保全交易的达成。

3. 谈判者故意表现强势以期望获取谈判主动权

第三种类型就是故意表现强势。这个人有可能就是对方特意安排的，故意以一种特别强势的态度参与谈判，以便于更好地获取谈判主动权，也有可能是因为对方算准你经验不足而在刻意虚张声势，对销售员造成一定的压力。这时电梯销售员需要保持平心静气的态度，细心思索并观察细节，这是为了避免被带入对方的谈判节奏中，或者被对方的强势吓阻。

若是经验丰富的电梯销售员，可能一眼就分辨出对方强势的原因，并且根据不同的强势原因制定相适宜的谈判策略。若是对方谈判者藏得非常深，无法看穿造成他强势的原因，那么这时电梯销售员可以慢慢用言语进行引导或者提问某些非关键性的问题进行探索，以便于从中快速分析对方强势的原因。

事实上这类谈判者在谈判过程中还会泄露很多的信息，因为这类强势人群特别喜欢讲话、喜欢用教导或者训斥的态度对待别人。而对方谈判者说话或者训斥时，电梯销售员可以有针对性地提出某些问题，利用语言问题挤出他的"内核"。如电梯销售员可以提问"为什么要采用这种方案执行或者采用这种方式采购"，根据对方的回答便可以获得更多的信息。

电梯销售员在提供多种方案时，相当于既为对方提供了"多项选择题"，同时也可避免让对方做"问答题"。这类谈判者一般很容易给出明确的回复，同时也会根据问题直接给出相应的答案，而不会给出模棱两可的回复。

电梯销售员可以利用这些信息，利用对方的规定逻辑去说服他。具体的做法就是采用请教的方式，如，向对方请教"贵公司的项目一定都是精品，能入围招标的服务单位一定是通过贵公司严格选取或者已得到初步认可的，您说是吗？"，那么对方一定会给予明确的回答"是"或者"不是"。如果说对方回答的是"不是"，那么他就是违背了自己的原则；反之，如果对方回答的是"是"，这就相当于对方已经初步认可销售员所提供的电梯品牌。

再如，电梯销售员可以提问"您对电梯工程有着丰富的经验，对于这个电梯项目能否给我提供一些建议呢？"，电梯销售员根据回复内容，便可清晰了解对方公司对于电梯产品的要求。在对方讲完后还可以复述对方的话并再次进行确认。

（二）与强势客户谈判适宜采取的策略

经验不足的电梯销售员面对强势客户可能会显得手足无措，而有经验的电梯销售员面对强势客户则自有一套应对方案。一般来说，与强势客户谈判可能涉及的问题，可以采用以下几种方法来应对。

1. 利用自己的陈述回应对手的强硬

在电梯销售员的理解中，陈述自己的理由其实就是直接拒绝让步的表现方式。很多理论派的谈判专家就商务谈判中可能涉及的问题，也曾谈到回应强硬对手最好的方式就是比对手更加强硬，但是有时电梯销售员面对强势客户会不自觉地想退缩、想让步。

电梯销售员应学会在让步中守住自己的底线，但是直接否定对方的观点有可能会引发客户不满。使强势客户屈服不能通过吵架的方式，而是需要销售员利用自己合理的陈述，从而客观地回应问题。如电梯销售员向客户陈述这个价格在同类电梯品牌已经是最低的，所提供的安装、运输以及服务条款等也都是非常优厚的。

2. 提供一系列的理由支撑电梯方案与报价

若对方强势的态度在于价格或者其他因素，那么电梯销售员则可以提供一系列的理由支撑电梯方案与报价。因为对方强势的态度只是一个态度，对于电梯方案与报价并没有具体的反驳点，电梯销售员可以选用围魏救赵的做法，这时不仅可以解除强势的危机，还可以防守反击。因为井井有条的论据毫无疑问是会给故作强势的对手出一个大难题，这就相当于在踢球时把球还给对方，同时也避免了直接回绝可能造成的潜在矛盾以及冲突。

3. 利用黑色幽默化解尴尬

电梯销售员在面对强势对手时不要陷入自认弱势的陷阱中，在谈判过程中，若是对方谈判人员察觉电梯销售员存在自认弱势的情况，那么其会在接下来的谈判中采用更加强势的手段来争取更多的利益。在遇到强势对手时，电梯销售员可以利用黑色幽默，将希望传达的信息传递过去，以达到一个既防守对方攻击又巧妙反击的效果。合理合情地调侃对手也是一门沟通的艺术，更是电梯销售员情商多寡的现实体现。

虽然这类强势的客户所给予的开口机会较少，但是反过来说，这对于电梯销售员来说这也是一种特别的机会，因为对方会说得更多。只要电梯销售员能够利用机会提问，那么便可在提问与回答中获取更多有价值的信息与线索。除此之外，电梯销售员还可以利用一系列的理由进行陈述并且利用幽默化解谈判尴尬。

二、"笑面虎"的应对技巧

对于电梯销售员来说，最害怕在电梯销售业务中碰到"笑面虎"客户，对于这类谈判者电梯销售员需要谨慎对待，因为他们所给的答案从来都是模棱两可的，对于项目的谈判没有实际意义，针对这类谈判者，有可能需要电梯销售员花费大量的时间进行周旋，而造成"笑面虎"谈判者产生的原因主要包括以下两点：

（一）"笑面虎"谈判者没有决定权

电梯销售员在与拥有"笑面虎"性格的谈判者洽谈时一定要特别注意。因为有时两个人谈了半天才发现什么重点都没有谈到，什么有价值的信息都没有，反而浪费了很多的时间与口水，这种类别的谈判者可能是因为没有决定权，故而一直在重要问题上打马虎眼。当然，也有可能是这类谈判者需要比对多家不同电梯品牌的优劣，在未下最终决定前一直在插科打诨。

对于这种拥有"笑面虎"性格的谈判者，更适宜采用"单刀直入"的方式进行。如电梯销售员可以说，"赵总，我知道您的时间非常宝贵，我们只有两小时来商谈相关内容，现在我们就直接进入主题，针对您非常关注的几点进行重点讨论。我尽量长话短说，希望不会占用您过多的时间。"电梯销售员采用这种进击式的说话方式更有利于全盘掌握谈判节奏，虽然电梯销售员可能要表达的是"您的时间非常宝贵，我的时间同样宝贵"。

（二）"笑面虎"谈判者拥有很大的决定权

在实际的谈判过程中，电梯销售员也有可能会遇到拥有很大决定权的"笑面虎"谈判者。这种谈判者虽然有决定权却不直接给出肯定的回复，有可能是因为对方处于比较与选择的阶段，这就要求电梯销售员在谈判前深入了解还有哪些同类品牌的竞争对手将会参加商谈，这也是决定销售成败的关键要素之一。

当然，电梯销售员也可以进行多方打听，以确定"笑面虎"是否是对方的一贯风格，在实际谈判中也不排除会出现这种情况。做出判断后，电梯销售员需要尽量用语言挤出对方的"内核"，如电梯销售员可以这样说："赵总，似乎您对于我所提的这几点并不是特别关注，作为我们的客户，您是否可以分享一些具体的想法或者您比较关注的要点给我，是产品的质量？是交货周期？还是安装方案？如果我们公司在三个月内就可以交货给您，是否可以满足您项目的进度要求"，此时的洽谈一定要让对方多做选择题，而不是让对方直接开口说，这两种商谈方法所获得的结果是不同的。

三、无止境杀价的应对技巧

电梯销售业务中也有可能会碰到无止境杀价的状况，这个问题经常会出现在谈判中，相信绝大多数的电梯销售员在碰到杀价时都会感到非常头痛。当然，杀价无论是在电梯销售还是在其他产品销售过程中都是不可避免的，但是若出现无止境杀价，那么这个问题就会变得非常严峻。出现无止境杀价一般来说可分为三种情况：

（一）对方所设的杀价计策

作为电梯销售员必须学会解决杀价问题，除非杀价的这个人是对方的最终决策者，否则电梯销售员不宜采用一味让价以获得交易订单的方式。因为无止境的杀价有可能会让电梯销售员错判项目的最终决策人，会出现前面已经过多轮让价，最终决策人出现后又要继续杀价的状况。这种谈判方式也有可能是对方的杀价计策，但是对于电梯销售员来说容易错判谈判形势，并且会在持续的杀价中遭受对方的疲劳轰炸。

（二）出现意料之外的竞争对手

出现无止境杀价的状况还有可能是因为在谈判过程中，出现了意料之外的竞争对手。造成这种现象的原因有可能是电梯公司在其他地区所做的低价项目被竞争对手获悉，这也是导致客户出现无止境杀价的导火索之一。

针对不同的杀价原因，电梯销售员应根据现场实际状况迅速做出反应，而销售员常规的反应是"哎呀，这个价格已经是公司最大的让步价格了，它已经远远低于市场价了，而且这样的价格已经表达了我们公司想要与贵方合作的诚意，您是否可以告知您还需要降低的具体原因是什么？"，电梯销售员问出原因后，通常对方有可能还会提供一些其他降价的理由，假若最后逼不得已仍然需要降价，那也不能轻易允诺，这时电梯销售员可以借口需要请示领导或者需要时间核算成本价格来延缓对方的降价要求，当然电梯销售员也可以通过用计算器做样子以表达降价真的是一件非常不容易的事情。

（三）谈判教练受到攻击

谈判教练受到攻击时也有可能会出现无止境杀价的状况。若在谈判过程中，对方在攻击我方教练，在这种情况下电梯销售员不要当场去做任何回复，而是应该找借口或者找机会离开，并与谈判教练取得联系，了解情况后再进行回复。如果确认后发现确实有人借电梯项目攻击教练进行杀价，那么就算这个项目丢掉也要维持价格不变，除非获得谈判教练的指示，再安排下一步动作。

四、谈判进入僵局时的应对技巧

众所周知，并不是所有的谈判都是顺利的，有些合同谈判或者商务谈判就有可能会遇到非常尴尬的情况，部分谈判更是谈着谈着就陷入了死循环或者僵局。谈判进行不下去了，双方争执不下，互不相让，这就是非常尴尬的一种局面。在这种情况下电梯销售员必须要采取一些措施打破僵局，常规的做法主要包括以下几点：

（一）总结前期已达成一致的谈判内容

电梯项目在前期谈判一般都是非常顺利的，但是经历多轮谈判后也有可能陷入僵局。这时电梯项目已经基本上达成一致，内容也是谈得七七八八，而陷入僵局可能是因为一点小问题所造成的，这时谈判者需要回顾前面，梳理谈判内容，并找到建设性解决方案的类似情况，这个前提是建立在已达成初步统一以及合作意向的基础上，双方不应该因为一点小问题而失去合作的机会。

（二）整理文件准备离开并观察对方反应

电梯销售员也可以建议对方进行换位思考并寻求建议，如"刚才我们的谈判充满了建设性，我们是否换个角度再探讨一下，如果你站在我的立场上，那么你会怎么做呢？"。如果说这些方法都不奏效，那么电梯销售员可以开始整理文件准备离开，并仔细观察对方的反应，到最终整理完成并停下说："如果不行那么我就不得不离开了，或者后续我们还有合作的机会"。当然,电梯销售员也可以通过释放底线争取最后合作的机会,如"我们已经谈了那么久了,如果我将价格放低到多少钱,那么是行还是不行呢?"

众所周知,常规的谈判都是一步一步进行的,电梯销售员在进行让步时千万不要一次让得过多,这将容易导致后续的谈判与杀价出现较大困难。当然若是前期谈判已达成大部分共识,那么针对一些小问题则可以参照前面,采用某些建设性的、类似的方案进行协商解决。

五、谈判中发现被人特别针对时的应对技巧

谈判中出现针锋相对的场景是非常常见的事情,当双方无法就同一问题达成共识时,就会产生激烈的讨论。但是有些时候谈判中也会出现个别情况,如有些谈判者特别喜欢攻击某个人,若在谈判中发现有人特别针对你又该如何进行处理呢?

一般来说,针对你的人并不是单独在谈判中出现的,往往对方谈判队伍中还会有一些中立的人,对于这些人千万不要直接去回答对方的问题。因为在这种针锋相对的场合,直接去回答对方的问题,有可能会陷入对方设定好的谈判圈套中,通常这类谈判者的表现就是喜欢打断讨论过程,有可能还会揪住某一个点不放,甚至还会提出一些超出谈判范畴的话题。

事实上这类谈判者还特别喜欢反复地提问、重复地阐述,这种操作方式容易扰乱电梯销售员的谈判节奏,因此如果对方在不停地重复提问,那么参与谈判的销售员出于礼貌必须要回答对方的问题,这样整个谈判节奏就特别容易被对方掌控;另外重复的阐述与提问还会扰乱其他人的思维与情绪。

作为电梯销售员当然不希望谈判节奏被带偏,也不希望我方成员的思维与情绪不停受到干扰,针对这类问题的解决方案就是寻找一些可靠的小技巧。如在谈判会上积极征求参与会议同事的意见,降低被针对的风险,同时还可以为自己预留充足的思考时间。

举个例子来说,假如说今天双方谈论的是这个问题,并且根据这个问题已达到部分统一意见。"为了节省各位领导的时间以及获取更多的宝贵意见,同时也为了提升讨论的进度,我们是否可以在讨论完这个话题以后再提出新的讨论话题",这就是一种快速拿回谈判主动权的常规技巧与方法。

在谈判过程中,若发现有人针对你,这是需要特别小心的,而常规的解决办法就是直接在这些针对者面前进行议题讨论。当然电梯项目的谈判必须遵循逐条谈判的原则,绝对不可让议题要点跳跃或者遗漏。对于这些开放性问题逐个细致敲定,才能获得更多的主动权。

六、如何降低谈成的内容被推翻的风险

很多电梯销售员在实际谈判过程中,还有可能受到另外一种困扰,那就已谈成的内容存在被推翻的风险。有一些电梯销售员可能已碰到过这样的状况,已谈妥的项目莫名其妙就被推翻了,还需要重新整理资料,并且花更多的时间与精力重新谈判。相信无论是谁碰到这种状况都非常恼火,而为了降低谈成的内容被推翻的风险,就需要采取多种不同的措施正确把控合同的谈判过程。

电梯销售员若想降低这种风险,则必须掌握以下要点:

（一）重复已谈成的内容要求客户确认

电梯项目的不固定性使得谈判随时处于变动中。有些电梯销售员上一刻与客户谈得非常好，但是会后不久就有可能接到客户通知说要更新条款，在这种情况下就有可能面临二次谈判或者重复谈判。一般来说电梯项目谈判所涉及的条例与明细都是非常清楚的，电梯销售员与客户都是采用逐条谈判的形式进行。因此销售员若已与客户谈定部分内容，应及时要求客户确认。及时要求客户确认的好处就是避免客户不停推翻已谈成的内容，并且导致已谈成的内容无法做最终的确认。

（二）我方发布会议纪要，作为一种正式确认

电梯项目的谈判是面面俱到且非常详细的，与电梯项目有关的所有细节都要进行商谈。正是因为电梯项目谈判所涉及的内容与条款比较多，故而某部分客户喜欢在会后修改会议内容，并将会议上已确定的内容全部推翻。这就要求电梯销售员在与客户洽谈完所有细节后，应及时整理书面形式的会议纪要。相关工作人员将形成书面约定的会议纪要发给客户，作为正式确认的一种方式，这是为了避免后续客户推翻会议上的口头约定，一般来说已形成文字的书面约定相比口头约定更可靠。

拥有正式书面文件的会议纪要，这也可以说明双方的谈判是非常正式的，此时电梯销售员便可以将正式且完整的会议纪要以电子邮件的形式发送给客户，假如客户能在书面会议纪要上签字，那对于降低会议内容被推翻的风险具有非常大的好处；假如客户不愿意签字，那么双方也可以凭借往来邮件作为后续的洽谈依据。

（三）避免过度情绪

造成客户推翻已谈成内容的原因有很多，其中有一项原因是因为电梯销售员过度情绪化。部分电梯销售员在谈判过程中可能感觉非常好，所有讨论的问题基本上在预定的计划内。这部分电梯销售员有可能因此志得意满，并且在不经意间表露了满意的情绪或者愉快的心情，而经验丰富的电梯销售员都明白，此时应该让对方感觉这是我签的最糟糕的谈判协议，而不是我最满意的谈判协议，若出现这些胜利者的情绪，容易导致客户因为心生不满而推翻已商定的协议内容。

（四）避免胜利者姿态

电梯销售员若是在谈判过程中频繁展现居高临下的态度或者胜利者的姿态，这也有可能会导致客户推翻已谈成的内容，因此电梯销售员在谈判结束后还需要避免出现胜利姿态。因为一旦电梯销售员出现胜利姿态，客户心里就会觉得"对方表现得这么高兴，是不是这次谈判我吃亏了？是不是有哪些环节让对方多挣钱了？对方是不是挖了个谈判陷阱让我跳？"等。在心理极度不平衡的状态下很有可能会促使客户直接取消订单或者在后面的合同签订中留一手。

而假如电梯销售员留给对方的印象是这次的谈判非常糟糕，对方很可能会认为虽然谈判结果与预期计划存在一定偏差，但仍从中取得了最大的利益，那么对于谈判的最终敲定和后期的执行都会带来巨大的便利。

(五)转移话题并离开

在整个谈判结束后,千万不要与对方保持持续谈判的状态,一定要及时转换话题。因为当你继续谈这个话题时,客户很有可能会提出更多的问题,建议电梯销售员在谈判完成后不要做过多的停留,要立即离开,以避免出现不恰当行为或者因为保留话题时间过久而出现翻车现象,这也是预防节外生枝较为可靠的方法。

解释快速离开的方式有很多,如电梯销售员可以跟客户说"我们现在已经达成一致了,我需要立即回去准备合同以及生产事宜,以确保我们的合作顺利进行"。说完这些话后便可迅速离开,但是有些时候对方可能会邀请你留下来一起吃晚饭,对于这个邀请能让就让,因为吃饭的过程中有可能需要陪喝酒,而喝酒过多的结果就是脑部思维容易不受控制。总而言之在谈判成功之后,还需要特别注意细节问题,以避免谈判的结果化为乌有。

电梯谈判是一门技术,以上只是常规谈判中的一部分,这些谈判技巧若能灵活应用,那么对于提高谈判的成功率以及降低谈成的内容被推翻的风险率都具有非常大的好处。作为专业的电梯销售员还需要勤加练习各种技巧,并在后续销售业务中学以致用,同时还应学会总结与整理更多的谈判技能。

【知识拓展】

在谈判过程中,谈判者如果能采取一些策略和技巧,将会大大增加谈判的成功率,经常采用的谈判技巧有如下几点:

1)**虚张声势**。其实我们知道,谈判双方是无法了解对方的底线的,基于这一点,才会有虚张声势的可能,你可以让对方相信你的实力,其实对方相信的并不是你真正的实力。

运用"虚张声势"的谈判技巧,你一定让对方相信,且不能第一次就被拆穿,拆穿第一次,对方就不会再相信你了。

2)**专业知识**。专业才能行天下,你有专业知识,你才有更多的证据与理由,识破对方的虚假情况,说服对方。

我们一定要了解如何展现我们的专业知识,用对方习惯的方式进行表达。

3)**借力法律**。在谈判过程中,销售员可以利用"法律法规"阐明自己论点的必要性,但是注意阐述过程中应有凭有据。

4)**不让步**。谈判时我们经常会遇到一些客户,他们提出一些超出合理范围的要求,而这些要求客户往往并不能意识到其不合理性。

在这种情况下,销售员应该在谈判过程中对于这些非合理要求保持立场,不让步。这样在长时间谈判中,不断总结,客户才会意识到问题的本质,从而解决分歧。

【单元自测】

1. 造成客户强势的原因及应对策略有哪些?
2. "笑面虎"客户的特点及其对于项目的决定权有哪几种?

3. 客户无止境杀价的原因及应对策略有哪些？
4. 如何降低谈成的内容被推翻的风险？

【单元评价】（见表7-2）

表7-2　单元评价

序　号	知　识　点	配　分	自测结果
1	造成客户强势的原因及应对策略	2	
2	"笑面虎"客户的特点及其对于项目的决定权	2	
3	客户无止境杀价的原因及应对策略	3	
4	如何降低谈成的内容被推翻的风险	3	

模块八
认识电梯合同

【情境导入】

电梯合同是整个电梯项目执行以及顺利收款的重要保证，因此对于电梯销售业务来说，电梯合同在整个电梯项目中具有不可动摇的地位。电梯不是普通商品，而是一种特种设备，它必须由具有安装资质的单位负责安装。

【情境分析】

本模块主要从了解电梯合同、识别合同中的陷阱以及如何平衡合同条款优势与执行风险这三方面对电梯合同的相关细节进行介绍，从而帮助电梯销售员正确认识电梯合同的重要性，并且在日常销售业务中规避合同签订所潜藏的风险。

【学习目标】

1) 了解电梯合同的类型。
2) 了解电梯合同中的陷阱。
3) 了解如何平衡合同条款优势与执行风险。

单元一　电梯合同的类型

【知识导图】

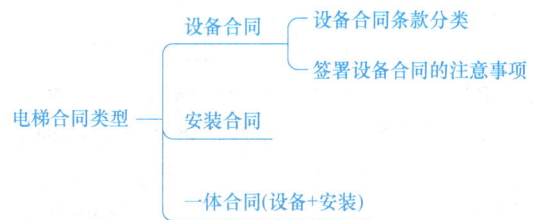

电梯作为特殊的商品，必须由具有安装资质的单位进行安装，这也是电梯之所以会出现设备合同与安装合同的重要原因之一。电梯合同主要分为三类，第一类是设备合同，第二类是安装合同，第三类是一体合同（设备+安装）。

若设备合同与安装合同是分别进行的，那么必须注意电梯的安装、改造和维修事宜的约定，电梯的安装、改造、维修必须由电梯制造单位或者其通过合同委托、同意的依照条例取得许可的单位进行。

若电梯是采用电梯设备采购与电梯安装工程共同招标的方式进行，那么必须完善和约定工程范围，中标单位应根据招标文件和图样所述，提供电梯设备的设计、制造、供货及安装、测试、调校、试运转、通过当地相关部门的验收、获取准用证、使用及维修服务等的相关证明。

一、设备合同

（一）设备合同条款分类

电梯销售员在签订设备合同时，一定要把控住设备合同条款分类，其分类主要包括合同双方约定、产品约定、付款方式约定、效期与运费约定、质量保证约定、违约条款约定和其他常规约定等。

1. 合同双方约定

在进行合同双方约定时，一定要准确把控常规的约定条款，如公司信息、项目地点（发货地址）及付款约定等。

电梯合同必然会涉及双方公司的信息，即公司名称。签订合同的先决条件就是审核双方公司的信息与资质，这时电梯销售员需要一一核对公司的名称、公司所在地、公司的账号等，这是为了避免出现电梯项目因为公司信息不一致而导致后期收款困难。

一般来说，某些常规合同是允许多方合同的，但是设备合同建议尽量避免多方合同，特别是不应该出现三方合同。常规设备合同只是简单描述双方的买卖合同，若出现多方合同，那么电梯销售员就要非常关注这类合同的风险，这种情况是不应该出现的，出现了就代表中间有多个复杂的环节需要再次去确认。

另外，电梯销售员还需详细地与客户确认项目地点，即发货地址。这是为了避免后期电梯零配件发运时因为项目地点不明确而导致安装进度受阻，提前确认发货地址也便于电梯公司提前协调物流价格以及规划运输路线。

除此之外，在进行合同双方约定时还需要进行付款约定。付款约定在项目工程当中非常重要，若此点未做约定，则容易出现以下情况：

1）付款方与实质签约方不一致，即开发票公司的抬头与签约公司的抬头不一致。
2）客户付款用途出现争议，从而导致后期的电梯安装项目因为追款而出现问题。
3）未约定付款形式及收付款账户信息，导致货款在支付过程中被截流。

2. 产品约定

电梯项目若出现多台设备，那么便要进行技术交底，因此设备合同必须包含具体的产品约定。其内容主要包括技术交底、产品规格与数量、单价与总价、价格包括范围以及税率等信息。

（1）多台设备采购时需进行技术交底　当设备合同中出现多台设备时，它们有可能会对应不同的楼号，因此在电梯发运时需要附带所运送设备的参数明细表以及对应的土建图纸。这是为了避免电梯设备在交接以及后期安装过程中出现不必要的纠纷，同时也是为了后续的变更创造更加明确、有利的先决条件。

（2）需明确产品规格与数量　常规产品的规格与数量是需要进行约定的，在整个电梯合同项目中，还需要避免其他一些细节问题。一般来说，产品的规格与数量是首要的约定条件，因为客户支付与回款金额都是根据规格、数量、单价等进行确定的。当然，电梯签订的数量越多，那么对于电梯销售员来说就越是一个大项目订单。

（3）需明确约定电梯产品的单价与总价　如某些电梯合同只约定了电梯产品的总价，却并未约定电梯产品的单价，那么便容易在后期付款节点出现金额纠纷。同时在设备合同变更过程中容易出现变更金额纠纷。

（4）需明确约定价格的包括范围　根据常规合同的签订原则，产品约定需明确约定价格的包括范围，特别是运费价格。另外在价格的包括范围里不宜出现与设备不相关的价格覆盖。如现场处理、安装处理等，在设备合同的价格处理作业中，一定不能出现类似共生的条款，否则便会在己方合同执行过程中造成巨大损失，甚至有可能导致这个合同出现严重亏损。

众所周知，常规的设备合同中经常会涉及运费问题，而合同签订的运输条款、运输方式、现场情况甚至运输交通工具的不同都可能导致运费出现较大差异。而控制运费变动的较为有效的方式是提前约定交货批次、每批次的数量、交货大概预计的日期、交货所使用的交通工具等内容，如此便可提前计算出运输发运过程中可能产生的运输费、装车费、卸车费等，降低运输价格波动可能带来的损失。

（5）需明确约定税率　有些设备在交易过程中还会涉及税率问题，如设备成交税、设备管理税以及设备运输税等。根据不同的交易情况有可能会产生不同的税率问题，而某些税率可能在设备成本中占比较大,因此最好在设备合同中做明确约定,从而确保税率不会因为其他特殊情况而发生较大变化。

3. 付款方式约定

对于设备合同的付款方式,有些细节问题也需要提前在合同中约定,主要包括付款节点、与交期关联、合同终止条款这三个方面的内容。

(1) 付款节点约定　电梯销售员在与对方约定付款节点时,尽量不要约定具体的付款金额,因为整个电梯合同可能会因为现场状况不同而发生变更。

假设原先与客户敲定的是 100 万元的合同,如电梯公司内部要求收取 10% 的预付款才可进行生产,电梯销售员仅标注预付款具体金额 10 万元,那么如果合同在执行过程中出现了变更,客户后期追加了合同的项目,从而导致合同金额随之上涨,预付比例会随之下降,则可能出现电梯合同投产暂停,客户却又不能追加预付款的情况,从而使销售员陷入两难境地。

(2) 与交期关联约定　众所周知,设备合同都要约定交期。如约定 20 天付款或者约定 30 天付款,若付款节点与交期出现冲突,那么整个合同在执行过程中将会陷入左右为难的境地,甚至有可能在未收到货款的情况下就面临排产与发货的境地。这种现象对于电梯公司来说也是非常不利的,因为有可能导致库存的增加;若是拒绝生产,那么便会因此产生违约责任。因此,专业的电梯销售员在付款方式与交期相互关联时,一定要进行充分考虑并慎重确认交期与付款节点。

(3) 合同终止条款约定　在设备合同付款方式的约定条款中,还需要约定合同终止条款。这个往往出现在第一笔支付款与第二笔支付款约定中,这是为了防止合同签订后出现长时间不付款现象,从而导致后续执行中的风险增大。如客户在签订合同后,因为各种原因长期不付款,若在签订合同时就已约定合同终止条款,那么便可以借助合同终止条款的约定去合理规避风险。

4. 效期与运费约定

设备合同对于效期与运费的管理要求非常严格,它所包含的内容也是多种多样的。一般来说主要包括预计交期与实际交期约定、交期的约定、计算交期的必要条件约定、运输方式与运输工具的约定、产品交接的约定、运输价格包括范围、接货约定、货物库存约定以及运输包装约定等相关内容。

(1) 预计交期与实际交期约定　在通常的设备合同中都有一个有关预计交货日期与实际交货日期的约定,且其形式也是固定的,假如甲方按照合同约定需要在 50 天内来提货,但是这时也会有另外的条款去约定,如每一批次需要提前多久通知电梯公司,每一批次的货款提前多少天打到电梯公司账户上。此时电梯公司便会依据合同约定的要求开始排产、安排发货,因此对于电梯销售员来说一定要特别关注这两个条款,而且还需要认真比对这两个时间的跨度,避免发生不必要的冲突。

(2) 交期的约定　交期的约定是指产品运输过程中有关交接的约定,特别是设备合同,因为此类合同有可能会涉及自提以及代办运输。那么在这种情况下产品交接的约定就变得至关重要,这是因为有可能涉及谁来承担不同运输方式下产生的运输风险等问题。

常规来说,如果是客户自提,那么双方的约定应该是自出电梯公司门起就算交接完成。如果是由电梯公司安排进行代办运输,那么按客户约定签收的日期作为交接完成日期。

假如没有这个约定，电梯公司安排电梯产品发运到现场，却没有固定的现场工作人员帮忙安排接收，那么这个货物的保管责任将会仍然归咎于电梯公司，这也会给合同执行带来非常大的风险。

在产品的交接作业过程中还有可能会涉及有关仓储费用的约定。如电梯产品已按客户要求完成生产，但是客户一直未按照约定来提货，这就容易给电梯公司造成库存负担，仓储费用的增加也就代表着合同成本费用的增加，如果没有约定仓储费用，在合同执行过程中会给电梯公司与客户双方带来困扰。在运输与交接过程中也会约定电梯产品的运输包装方式，因为运输包装有可能会因为暴力运输而出现各种问题。若未提前对电梯产品的运输包装做明确约定，则有可能带来不必要的麻烦。

5. 质量保证约定

设备合同中需要约定有关质量保证的条款，因为电梯类大型设备或多或少都会碰到与质保期相关的问题。质量保证的约定主要包括质量保证日期计算约定、产品质量标准约定、质保费用约定以及质保范围约定等。

（1）质量保证日期计算约定　绝大多数客户与电梯公司签订的都是设备合同，而电梯产品到达安装现场后，安装节点并不在电梯公司的控制范围内，这样一来质量保证日期的计算就非常重要。因为如果电梯产品到达安装现场后，客户未能如期安装，而电梯公司未与客户约定质保期开始的日期，就会导致质保期出现无限延长等问题，有可能会导致电梯产品还未安装使用，但是质保期却已经到了，这里所指的质量保证日期都是指电梯公司所提供的产品保障日期，也指的是零部件厂提供给电梯公司的质保日期。

电梯合同对于电梯保修期都具有明确规定，一般合同内注明电梯保修期是自电梯验收合格、移交买方之日起开始计算。在电梯保修期内，电梯公司将对除买方使用不当或者人为损坏之外的原因所引起的任何损坏部件进行负责，其负责的内容主要包括免费维修和更换。若经电梯公司维修、更换以后，其质量还是不能符合质量标准以及安全运行需要，那么电梯公司则需要根据情况做出相应的赔偿。但是电梯保修期满后，电梯公司仍然有对所供电梯提供永久维修的责任与义务，若约定的责任与义务比较多，那么双方可以增加附件进行具体约定。

（2）产品质量标准约定　一般来说，常规的合同都有一个盖帽子的条款，即货物出厂之后多少个月后就到期，一般是约定18个月作为质量保证期。产品质量标准一般是参照国家对特种设备的规定而进行约定，如果客户需要添加当地的一些约定，这时电梯销售员需要特别关注并且尽量避免出现此类现象。

电梯合同中的质量标准约定是非常清晰的，一般来说，电梯合同内都会有这样的描述：卖方保证所提供的电梯产品在本合同签署以后开始专门制造，为全新的、未使用过的，并且确保是用一流工艺和优异的材料制作而成。同时卖方保证所出售的电梯产品在卖方安装、客户正常使用和常规的维护下，可以获得令人满意的性能与效果，并且其质量皆符合本合同规定的标准。有时还会在合同中注明卖方所销售的电梯产品均按照《电梯技术条件》《电梯制造及安装安全规范》等国家标准以及双方约定的其他标准设计制造。

（3）质保费用约定　基本上所有的设备出厂后都会有一个质保期，指定的质保期是免费的维护与保养日期。一旦延长质保期，就需要额外添加质保维修费或者保养费，而增加的这些费用将会关联产品的质保费用范围。如日常买的手机或者其他类别的电子产品，这些产品本身会因为电子零件的关系而拥有固定的使用寿命，超出固定的使用寿命，那么产品的各电子零件就会因为达到寿命而需要更换或者维修。

电梯产品也一样，构成电梯产品的零件也有其相对应的使用寿命，待电梯零件达到厂家所预计的使用寿命时，电梯便会因为零件老化而出现各种故障。如果在质保期内电梯公司会提供免费的零件更换或者维修服务，而超出质保期时，客户若想单独更换部分零件，则需要根据所更换零件的价格增加相应的质保费用。

（4）质保范围约定　常规工厂所提供的质保服务只是针对电梯设备本身。常规与行规所指的都是电梯产品的主要部件，是不包含消耗件、人为损坏件以及其他配件的。电梯公司并不负责具体的安装事宜，只是负责提供电梯产品的零部件。如果客户在安装过程中在电梯公司所提供的零件上加装了一些设备或者其他的功能，这些设备与功能的添加容易导致整个电梯设备的功能运行不良，在电梯合同中是需要去规避的，因此提前约定质保范围非常重要。

6. 违约条款约定

合同中违约条款的约定是至关重要的，设备合同都需要有关于违约条款的约定。违约条款约定通常有两种方法：第一种是约定专门的违约条款，第二种是在质量责任、交付责任等约定的同时进行约定。合同中的违约条款是合同中必备的条款，它是对双方当事人需严格履行合同义务的规范，若一方不按照合同的约定履行，将要承担违约责任。

那么合同违约条款应具体包含哪些内容呢？

电梯公司与客户在合同中可以就违约责任做详细约定，对于延迟交付货物或者交付货款的可以约定延迟履行违约金。还可以约定一条总的违约条款，如任何一方违反协议导致协议无法继续履行的，违约方需赔偿守约方违约金，该违约金不足以弥补守约方实际损失的，违约方应赔偿守约方所有实际损失。约定的违约金若是低于造成损失的金额，人民法院或者仲裁机构可以根据当事人的请求予以增加；反之，若是约定的违约金过分高于造成的损失金额，人民法院或者仲裁机构可以根据当事人的请求予以适当减少。

现今行业较为常见的违约条款约定主要包括三方面的内容：第一个是付款违约；第二个是交期违约；第三个则是质量违约。合同违约都是遵循过错责任原则，由过错责任方承担违约责任，就是说当事人哪方违约，就由该方赔偿对方的损失金额。但是违约条款约定类型在面对不同的当事人也会有不同的要求，因此电梯销售员需要根据不同的违约条款约定进行分别分析。

（1）付款违约约定　对于电梯销售员来说，碰到付款违约的次数是非常多的，客户经常会因为各种原因延迟付款、少付款或者不付款。而提前进行付款违约约定就是为了预防此类情况而设立的，其主要功能是用于约束客户，从而避免客户因为长期不支付预付款或者尾款而导致不必要的收款麻烦。

（2）交期违约约定　若说付款违约针对的是客户，那么交期违约主要针对的就是电梯公司。一般来说，约定都是双方的，客户下订单订购电梯产品，对于电梯产品的交期也是有要求的。约定交期违约就是为了避免电梯公司因为原材料缺乏或者资金周转不灵而导致预定的交货期被无限期拖延，这对于客户来说，拖延一日都会产生巨大的损失，如拖延后可能会产生误工费、机械设备损失费以及其他某些不必要的开工费，电梯项目越大，拖延交期后产生的损失也就越大。

（3）质量违约约定　质量违约并不是单方面的责任，它针对的是电梯公司与客户双方的质量约定。这对双方都是一种约束，既要求电梯公司保障电梯产品的质量，又要客户确保能够在合同规定的期限内准时付款。在谈质量违约时，一定要注意以下几个原则：第一个就是双方对等原则；第二个是违约的约定是要有先决条件的。

1）双方对等原则。电梯公司与客户所做的质量违约约定是基于双方对等与公平公正的原则而建立的。若客户需要电梯公司按时交货，那么前提条件必须是客户按照合同约定准时付款；否则电梯公司就有权利拒绝发运或者延迟发运。

2）违约的约定是要有先决条件的。电梯销售员与客户约定违约条款是有先决条件的。如电梯在安装过程中出现质量问题，并且这部分质量问题需要电梯公司承担质保责任。那么这部分质量问题必须交由公正的第三方机构确定造成质量问题的原因，因为造成电梯出现质量问题的原因有很多，它不能仅由客户单方面确认，有可能这些质量问题是人为损坏或者对方私自改装所造成的损伤。

对于质保期内出现的质量问题，若由公正的第三方机构鉴定确非人为损坏或者私自改装所造成的损伤，那么电梯公司必须依照合同承担相应的责任；反之，若由第三方机构鉴定证实质保期内当前电梯的质量问题是由人为损坏或私自改装所造成的，那么则由客户自行承担此部分费用，当然电梯公司也会提供相对应的零件的报价以及相对应的服务工作。故而电梯销售员在与客户谈合同时，需要就如何去鉴定由人为造成的第三方责任以及对方私自改装所造成的损伤做明确约定。

若客户不按照电梯公司提供的操作步骤安装而导致设备损坏，这些都是不属于质保服务范畴的。反之，客户若是遵循正确的操作，但是设备由于本身质量问题而导致损伤，那么电梯公司必须承担这部分损失，以上这些都是需要在违约条款中做出明确约定的。一旦以上内容依据条款进行详细约定，那么整个电梯项目的风险就会变得可控。

7. 其他常规约定

除合同双方约定、产品约定、付款方式约定、交期与运费约定、质量保证约定以及违约条款约定外，还需要进行其他细节条款的约定，主要包括不可抗力、合同变更、争议解决、信息送达、合同附件以及特殊约定等。

（1）约定不可抗力　无论是电梯项目还是其他项目都有可能会受到不可抗力的作用。不可抗力所造成的影响是非常大的，有些工程项目甚至没有办法界定损失的责任方，因此为了进一步分清责任方，电梯销售员需要根据不可抗力的作用及影响约定赔偿以及具体的责任方。而常规的不可抗力主要包括台风、洪水、冰雹等自然因素和由罢工、骚乱等引起的社会异常事件以及其他类型的不可预见事件。

电梯公司与客户进行不可抗力约定就是希望公司在发生不可抗力时能够免责。如电梯因为台风或者洪水受到巨大损伤，那么这时责任方既不在电梯公司，也不在客户，而电梯所造成的损失一般是由客户自行承担。

（2）约定合同变更　当合同的内容条款出现变更时，电梯销售员可以根据变更后的合同条款去修改合同内容，或者对部分合同条款做补充说明。电梯合同之所以会出现合同变更的风险，这是因为电梯项目施工合同管理与其他合同相比难度更大，特别容易出现许多不确定因素，而提前进行合同变更约定就是为了保障双方的权利和义务不受损，同时也是为了确保电梯公司的合同价格和交期能有机会去做调整。

合同变更需要符合以下几个要点：

1）客户与工厂所订立的原项目合同关系成立且有效。若是原电梯项目合同无效或者已失效，那么再进行合同变更是没有意义的。

2）合同内容发生非要素的变化。合同变更约定需要遵循非主体变化原则，即签订合同的双方主体不能发生变化，只是合同的工程量、价格以及交期等发生变化。

3）合同变更本身的明确且有效。约定合同变更时还需要符合明确且有效的原则，法定变更或裁判变更当然具有法律效力，此处变更的有效性专指依协议变更的情形，由于协议变更遵循意思自治的原则，与新合同的成立和生效规则相同，合同变更首先应当具备明确性要求，其次，应当满足相应的生效要件。

对于明确性要求，《中华人民共和国民法典》第五百四十四条规定：当事人对合同变更的内容约定不明确的，推定为未变更。

对于有效性要求，除了应当满足一般的合同有效性要件外，在特殊情况下，法律、行政法规规定变更合同应当办理批准、登记等手续的，依照其规定。

（3）约定争议解决　电梯项目是一个长期的动态工程，在执行安装与服务的过程中有可能会发生许多争议，故而很多电梯销售员都会提前与客户约定解决争议的方式。虽然订立合同之初电梯公司便与客户约定解决争议的方式有可能会导致客户心生不满，但是预先的约定会比后续没有约定而各自去执行要好很多。

当双方合同争议解决条款的理解存在较大的偏差时，容易导致某些法律问题，这也是为什么在合同起草与谈判过程中，就需要正确约定合同争议解决条款的根本原因之一，因为它可以帮助电梯公司规避法律风险，并且减少合同纠纷解决成本，同时也是众多电梯公司保障和维护自己权益较为高效的方式之一。

（4）约定信息送达　整个电梯项目合同会涉及多个信息的交互，如客户通知电梯公司款到账了，电梯公司告知客户这里需要要有一些变动或者有一些变更已达成一致了等。一般来说电梯公司与客户所在地是有一定距离的，那信息送达约定可以为电梯销售员在合同执行过程中提供时间保障。

若电梯销售员需要发送一些信息给客户，而客户一直没有回复，这时双方就可以做如下约定：当电梯销售员无论以何种方式向客户发送信息，客户都没有回复时，那么这种情况下也认为电梯公司给客户的告知已被接收。但是某些需要书面而不是口头订立的条款，都是需要在正式方案中做信息传送记录与备案的，这是为了避免在整个电梯项目执行过程中因为某些问题双方各执一词僵持不下，在不可理解的情况下造成合同执行中出现各类纠纷。

（5）约定合同附件　在电梯设备合同中还需要进行合同附件的约定，它是完整合同必不可缺的重要组成部分。常规电梯设备合同中需要约定的附件主要包括配置表、配件清单、土建图、后续的合同变更协议等，电梯销售员还会在设备合同中增加一个约定，如某些电梯公司会与客户约定有些涉及知识产权的保密协议或者价格保密协议。

（二）签署设备合同的注意事项

电梯项目所采购的电梯属于大型工程项目，这种大型工程项目都会涉及很大的风险。故而需要电梯销售员及时签署正式的书面设备合同以规避风险的发生，在签订设备合同时注意以下细节问题：

1. 设备合同必须注明支付方式

单台电梯的成交金额是非常大的,多台电梯的订单交易更是涉及巨额采购款的支付问题。因此设备合同中的支付方式需要明确列出有关预付款的要求,电梯销售员应要求买方支付一定比例的预付款,预付款的支付比例一般不得高于电梯总价的30%。因为预付款支付额度若是过高,电梯公司在收到预付款后不发货、发货迟延或者发货质量有问题,那么客户有可能会因此遭遇巨大损失。

2. 设备合同必须标明质量保证期

无论是电梯还是其他设备,它们的安装周期都非常长,并且质量问题在较短时间很难被发现,因此无论是客户还是电梯销售员都会提前在设备合同中约定质量保证期。部分设备可能还需缴纳一定比例的质量保证金,一般来说这个质量保证金的比例不宜低于设备(合同)总价的10%,若过低则有可能会导致部分电梯公司放弃质量保证金而不履行质量保证义务。

3. 设备合同中要约定具体的、可行的违约责任

在电梯运送、安装以及售后等业务中都有可能会出现违约现象,故而设备合同中一定要与对方约定具体的、可行的违约责任。因为只有具体的、可行的违约责任,才能在遇到一方违约时,可以根据违约责任的约定要求对方承担违约责任,如果违约责任的约定缺乏可操作性,那么追究对方责任将会困难重重。

4. 设备合同需要约定商业秘密和技术信息的保护

电梯销售给客户后,客户有可能在不经意间泄露了电梯的商业秘密以及技术保护信息。而通常这种涉及专有技术许可、技术信息及商业秘密的合同都需要提前对泄密索赔进行约定,若电梯技术参数被用于其他目的或者故意泄露给第三方,给双方或者一方造成实际损失,那么需要按照合同约定进行赔付。

5. 设备合同需要约定维修与保养要求

电梯作为特种设备在日常生活中的应用率是非常高的,电梯若出现故障将会带来不可预估的巨大损失。而电梯的定时保养与维修一般在设备合同中都有明确标注,当然对于电梯设备出现的某些紧急维修故障也可以做适当的约定,电梯公司也需要依照合同约定,在电梯出现紧急故障时提供全面的售后维护服务。

6. 设备合同约定设备出现质量问题可免费更换或者维修

在绝大多数的设备合同中都会约定,大型特种设备若在运输或者安装过程中出现质量问题,供应商必须无条件提供免费的更换与维修服务。

7. 设备合同应约定发生争议时解决争议的管辖法院

虽然电梯设备属于全国性的应用设备,但是电梯销售员与客户仍然可以就设备合同发生纠纷时,约定解决争议的管辖法院。一般而言,选择设备交付地的法院解决争议对于设备采购一方比较有利,建议约定为对设备交付地有管辖权的法院为争议解决法院。

二、安装合同

安装合同的约定与设备合同的约定非常相似,只是设备合同中约定的只是电梯设备,而安装合同中约定的是一个电梯安装工程。安装合同所包含的内容主要有合同双方约定、工程约定、付款方式约定、工期约定、质量保证约定、违约条款约定以及其他约定。安装合同与设备合同的不同之处在于工程约定部分，安装合同中的工程技术交底需要双方就现场施工勘测、施工条件以及施工范围等进行确认，包括安装的电梯数量、安装的楼号、安装的单价与总价、价格范围等信息。

（1）安装合同中的价格范围　安装合同中的价格范围所包含的内容相比设备合同要更多。如开工费用、总包配合费用、水电费用、二次移动费用、工具保管费用、货物保管费用以及现场突发的一些费用等，因此安装合同所要评估的费用相比设备合同要更多。电梯公司所签订的安装合同价格范围还要包括开工、报检以及拿合格证的费用。

签订安装合同时需要清楚现场的一些情况，并将其涵盖到报价里，因为安装过程比较漫长，现场的各类情况也是层出不穷。整个价格范围若是含糊不清，有可能会因为价格问题而导致整个工期受到影响，甚至也有可能会影响质量，电梯品牌以及客户关系可能因此受到重创。

（2）安装合同中的税率问题　安装合同还需要特别注意税率问题，常规合同的税率都是有标准可循的。一般来说有大包、小包等，但由于采购方式不一样，所以税率也是需要根据安装合同的不同而有所不同的。

大体来说，安装合同都是大同小异的，不同的服务内容会固定一个税率，但是不排除一些大型安装合同中有子合同，这也有可能会导致多种不同税率的产生，这些都是电梯销售员在签订安装合同时需要特别关注的。

（3）安装合同中的开工条件　在安装合同中还需要去约定开工条件，这个尽量在合同里面约定清楚，否则合同执行一开始就会遇到很大的困难。为了配合整个安装进度和安装工期，需要与总包单位或者承包单位有关于工程节点的约定，这个可以帮助电梯公司去控制安装工期。除此之外，在安装合同中还需要对现场给出什么样的支持与配合进行约定。归根结底，进行这些约定的目的就是为了保证安装工期以及控制安装过程中的成本，从而确保电梯公司拥有足够的成本提供非常好的服务以及交期。

（4）安装合同中的质量保证　在安装合同中的质量保证和约定节点与设备合同也是略有差别的。安装合同的交付物是一个工程，所需的质量保证内容对比设备合同要更多些，安装质量的检验方式也是不一样的，双方会约定质量控制点，在这些质量控制点上制定具体的质量保证约定。因为在整个电梯项目中，会出现多次进场与批次安装等问题，那么在这当中已经出现的前期设备的保全以及在使用过程中对电梯的损坏问题应该预先进行详细约定。

电梯是特种设备，在没有经过国家检验、拿到合格证之前是不可以交给客户使用的。往往客户在现场施工工地上，在第一批电梯安装完成后，有可能会被现场的工人当作货梯使用，这种做法是违反法律规定的。电梯销售员若是未实时跟踪现场状况或者未与客户有过约定，那么就相当于此电梯已交付客户进行使用，这种不合规做法有可能会为电梯公司带来许多不必要的麻烦，所以在安装合同中也需要有明确的确认与约定。

电梯销售员在与客户做约定时，需要在安装合同避免出现允许对方临时使用电梯等类似或者相关的条款。除此之外，电梯销售员应与客户表明态度，严禁客户使用未经验收的电梯，若是发生任何意外或者其他风险，无权要求电梯公司承担责任。

（5）安装合同中的安装质保范围　安装合同中的安装质保范围是针对整个电梯项目的，

所以它既包含设备，又包含设备的使用情况，故而这类合同更复杂。在合同中需要对安装质保范围加入一些约束条款，如违规使用、违规操作或者私自人为使用损坏等条款必须事无巨细地进行约定与洽谈，这样在安装合同的执行过程中便于顺利收款，因为安装合同当中的款项与工期是密切相关的，包括后期的尾款以及验收款。

三、一体合同（设备+安装）

所谓一体合同，就是将设备与安装合同签在一起，合同中需要去特别关注的点就是尽量不要让设备与安装的价格合并在一起，将两者按一次性结算进行报价。因为安装合同的现场与运输变数都比较多，这两者不能按照一次性标准进行定价，对方若是将安装的价格与设备的价格混合在一起并进行一次性报价，这是不合理的。电梯销售员应把不明确阶段的设备与安装进行分开报价，因为这两者在不同阶段的报价税率是不一样的，然后整个付款方式也是不一样的。

如果说一开始就将设备合同的费用与安装合同的费用合并在一起，会使整个报价节点发生混淆，从而导致后期整个电梯项目的收款变得越来越不顺利。这些就是在签订分类合同过程中需要特别关注的内容以及必须要遵循的原则。

若客户一定要将设备合同与安装合同绑定在一起，那么电梯销售员在执行报价时，就要注意对某些收费项目做特殊约定。如在总价上可以如下约定：合同总价包干，包括设备费（设备价格、运输费、装卸费、仓储费、保险费、培训考察和税金等）和安装费（安装材料费、专用工具费、安装调试费、安全措施费、脚手架费、搬运费、检测及验收费、办证费、总包管理费、技术说明书中要求的安装调试及 24 个月免费保养维修等）。对于这些特殊费用，约定越详细，越有助于后续收款作业的顺利进行。

举个例子来说，不同情况下电梯设备与安装所要提交的税率是不同的。若电梯公司销售的是自产电梯再加安装，销售电梯按 17% 税率，而安装电梯则是按 3% 的税率，如果电梯公司与客户签订的是一体合同，那么就没有办法区分设备税率和安装税率。而假若销售的是非自产电梯再加安装，那么可以按照相关政策执行自产电梯的税率；当然，也可以按照混合销售的政策执行，以销售电梯为主，按 17% 税率计算；以安装电梯为主的企业则可以按 11% 税率计算。

缴纳税率的高低主要在于电梯公司与客户签订的是什么样的合同，不同的合同以及不同的业务承接人所要缴纳的税率都是不同的。

【知识拓展】

合同与协议的区别

合同与协议的本质都是用于表述双方意见一致而达成的一种契约。但是合同与协议有明显区别。合同的特点是明确、详细、具体，并规定有违约责任；而协议的特点是没有具体标的物、简单、概括，不涉及违约责任。从其区别角度来说，协议是签订合同的基础，合同又是协议的具体化。

【单元自测】

1. 电梯合同主要包含哪些类型?
2. 设备合同条款分类有哪些?
3. 签署设备合同的注意事项有哪些?

【单元评价】（见表8-1）

表8-1 单元评价

序　号	知　识　点	配　　分	自测结果
1	电梯合同主要类型	2	
2	设备合同条款分类	2	
3	签署设备合同的注意事项	3	

单元二　电梯合同中的陷阱

【知识导图】

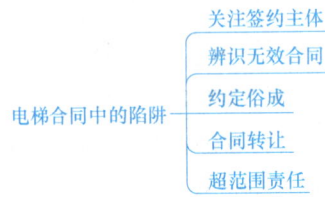

电梯项目合同的内容是千奇百怪的，各种条款或者约定都有可能出现。因此作为一名专业的电梯销售员还需要学会辨识合同中潜藏的风险，掌握合同风险辨识要点有助于快速识别合同中的风险并且降低合同的纠纷率。辨识的方法主要包括关注签约主体、辨识无效合同、约定俗成、合同转让以及超范围责任五个方面的内容。

一、关注签约主体

电梯项目合同的签约主体非常重要，它是合同的执行者与管理者。电梯销售员需要学会审核电梯合同的签约主体，如确认合同邀约方与付款方是否一致、合同行为人是否具备民事权利能力和民事行为能力、合同所表达的意义是否是真实可靠且合法的，这些在签订合同时都是需要去仔细考虑和认可的。

合同所表达的意义是否真实，其引申的含义也是需要特别关注的问题。如这个合同项目是否真实存在，因为有些项目合同是个别商家为了抬高利益而杜撰的，实际上这个项目根本不存在，有些电梯销售员在商谈这类项目时有可能会碰到这种状况，对方就是一个骗子，所谓的大项目也是毫无依据的，这类项目从合同谈判起就预示着会带来很多风险。

二、辨识无效合同

生效合同一定是有效合同，有效合同还不能是效力待定合同和可撤销、可变更合同。根据法律规定无效合同是指合同已签订，但是其内容自始至终不产生法律约束力，准确地说就是执行行为人依法不能独立签订合同。无效合同的产生主要包括以下几种情况：

1）不具备民事行为能力的人签订的合同是无效的。如未满十八周岁的未成年人或精神有障碍且不具备独立生活能力的人。

2）电梯合同内容违反了法律法规的强制性规定和公序良俗等相关规定。

3）无代理权人以他人的名义去签订的合同。

4）无处分权人处分他人财产利益而签订的合同。

三、约定俗成

电梯销售员需要小心约定流程，客户在谈合同时会缺漏很多点或者存在谈不下去的情况。对方有可能就会说"就这样好了，我就不写了"或者说"这样就挺好的，我们就不再做特别的约定"。《中华人民共和国民法典》第五百一十条中明确规定：合同生效后，当事人就质量、价款或者报酬、履行地点等内容没有约定或者约定不明确的，可以协议补充；不能达成补充协议的，按照合同相关条款或者交易确定。

四、合同转让

在识别电梯合同风险时，电梯销售员还需要特别注意因合同转让可能会导致的某些风险。一般来说，绝大多数的合同转让都是出现在合同变更中，一个电梯项目合同执行到一半，对方有可能会说"我没钱了"或者"我把整个项目卖给别人啦，你找后面那个人去执行这个合同吧"，那么在这种情况下电梯销售员一定要了解与合同转让相关的法律知识。

当客户在转让合同时，并且告诉销售员已将项目转让给别人，那么接手的人就会承担他所有的债务，因为法律中规定的合同转让分为债权转让以及债务承担转让。事实上在电梯合同当中，接手方若没有接手前甲方的遗留债务，那么就意味着电梯销售员去找接手方履行这个合同时，接手方有拒绝履行合同的权利。

接手方也有可能直接告诉销售员去找前甲方继续履行合同，而前甲方有可能会答应可以继续履行合同并且提供合同变更协议。但是这时候合同的甲方已经发生了变化，即使再找前甲方也没有什么用，这就会对后续的合同执行与付款造成很大困扰。

诸如此类的合同转让问题会带来特别多的麻烦。作为一名称职的电梯销售员一定要学习更多的法律知识，包括与合同效力、合同转让以及合同履行等有关的法律知识，如此才能快速辨识合同中可能潜藏的某些陷阱或者意外。

五、超范围责任

很多电梯销售员在签订合同过程中经常会受到很大压力，是因为在电梯项目的签约过程出现了超范围责任。本身电梯销售员所签订的合同并不包含这些超范围责任，但甲方一定要求签约者承担这些超范围责任。

作为甲方来说，他可能相对比较强势，虽然说已签订的合同本身已包含指定的履行范围，有些责任更是在履行范围之外。但是甲方一定要求供货方承担这部分责任，这时绝大多数的电梯销售员都可能会默认这种操作，事实上这种超范围责任可能存在非常大的风险。电梯销售员代表电梯公司签订的只是一个设备合同，而甲方要求电梯公司同时承担工程中其他非电梯设备合同的项目，这种合同在后续可能会出现较大风险，是一定要特别小心的。

【知识拓展】

合同文字陷阱及风险防范

由合同文字引起的法律风险比较常见。一旦发生纠纷，设套者为了自己的私利，解释相关条款时不免有指鹿为马之嫌。

一、实践中常见的文字陷阱

1. 一字之差

如订货时在合同的付款栏目中故意将"货到付款"写成"贷到付款"。当供货方后来派人找买方催款时，买方则以合同中这一条款为由进行搪塞。

2. 玩弄标点

如一份订购蘑菇的合同，买卖双方约定标的物质量标准为"无杂质、无腐烂"。草签的合同文本上表述为"无杂质、腐烂"。然而在正式合同上，供货方却将其中的"、"故意改成"，"，其意思立刻发生了180°的大转弯。当腐烂的蘑菇被商店发现时，供货方则以合同上的这个条款进行推诿，商店有口难辩。

3. 表意模糊

如在合同中约定付款时间为"售完付款"或"收货后付款"；对标的物约定为"以某公司的产品为准"或"停在某大院的汽车"等，由于在时间、质量等方面含混不清，这就给另一方实施欺诈提供了便利。又如以下条款："乙方或其代理人将通过（当面、书面、电话）方式向甲方下达交易指令。乙方下达任何口头指令，甲方应立即以书面形式确认，甲方具有对乙方的任何电话内容进行录音的权利"。这其中"立即"是一个什么样的时间概念呢？十分钟、一小时、一天？甲方要通过什么样的书面方式（如信函、传真、电子邮件等）才能确定所录音电话的确切时间和内容，进而确定该录音电话中乙方下达的口头指令到底对应的是哪一桩交易？由于未做出明确约定，纠纷一旦产生，合同受损方会因举证不力而陷入不利局面。

4. 篡改词句

如一个科研所转让一项技术时，客户要求由甲方负责原材料与成品的化验。当时科研所应允了，在合同中的表述为"由甲方负责提供原材料，负责成品的化验"，但在正式合同上却表述为"甲方负责原材料及成品的化验"。后来科研所以此为据，称其只负责提供"产品化验"而不负责提供"原材料"，客户因此遭受20多万元的经济损失。

5. 玩弄歧义

如一人向另一人还款8万，收款方出具证明时写道"还欠款8万元"。过一段时间后，收款方便以此证明将还款方告上法庭，要求还款8万元。收款方认为"还"应念"hai"，是"仍然"之意；还款方则认为应念"huan"，是"归还"之意。双方为此争执不下，法院也难辨是非，最后做出一个折中的判决，由还款方归还4万元。还款方白白损失了4万元。

二、防范合同风险的技巧

1）订立合同最好采取书面形式。

2）取得双方负责人的亲自同意。

签订合同时务必注意签字盖章与签约单位及其负责人（或授权人）是否相符，另外也要注意订立的时间以及订立后还需要做的辅助工作，如交付定金、合同报批等。合同条款的商榷、取舍应当取得双方负责人的意见。

三、注意审查条款的实质内容

实质内容指合同的内容、条款，形式要件指合同是否需要报批、公证、见证（签证）或出具确认书。要注意主要条款是否讲清楚（如履行期限、付款方式及期限、违约责任、双方权利义务等）。对文字表述的审查能力也许不是很快就能提高的，但是对条款实质内容的审查却是每个人都可以做得到的。

1）规格条款。对于多规格产品尤其要注意。在与客户协商时，要对各种型号产品的具体规格做出说明，同时详细了解客户的需要，避免供需之间出现差错。

2）质量标准条款。根据我方的产品质量情况明确约定质量标准，并约定质量异议提出的期限。同时应认真审查合同中约定的标准和客户的需求是否一致。

3）包装条款。

4）交付方式条款（送货条款）。

5）付款条款。

6）违约责任条款。

7）争议处理条款。

【单元自测】

常见的合同陷阱有哪些？

【单元评价】（见表8-2）

表8-2 单元评价

序　号	知　识　点	配　分	自测结果
1	常见的电梯合同中的陷阱	10	

单元三　如何平衡合同条款优势与执行风险

【知识导图】

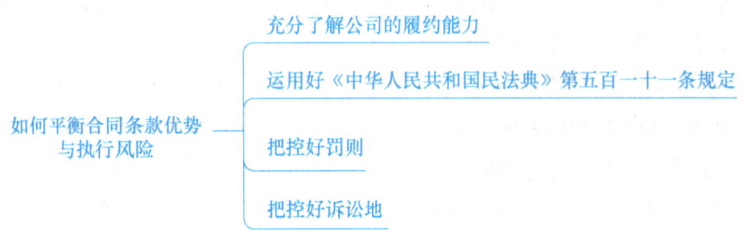

合同的条款是非常多的，所涉及的内容也是复杂多变的，它有可能会随着电梯项目的不同而发生不同的变化或者变更。另外合同中的条款与执行风险更是千差万别，如何平衡合同条款优势与执行风险就成为当前电梯销售员需要细细考量的问题，想要更好地达成这些平衡要求，通常来说可以通过充分了解公司的履约能力、运用好《中华人民共和国民法典》第六十二条规定、把控好罚则、把控好诉讼地这四条底线来进行平衡。

一、充分了解公司的履约能力

电梯销售员在谈合同之前，一定要充分了解自己公司的履约能力。自己所代表的电梯公司到底有哪些能力？这里面包含的内容非常多，一般来说可以概括为以下几点：

1）电梯公司产品的质量标准。
2）电梯公司产品的交期。
3）电梯公司产品的售后能力。
4）电梯公司的资金流与现金情况。

电梯销售员若未提前掌握公司的履约能力，那么在签订合同时有可能就会被对方牵着鼻子走，并且在整个签约过程中显得非常被动。也有可能会导致后续电梯项目的风险无法评估、难以把控，因为电梯合同的某些条款与电梯公司的履约能力是相关联的。

二、运用好《中华人民共和国民法典》第五百一十一条规定

当电梯销售员与客户商谈合同陷入僵局时，这时可以借助《中华人民共和国民法典》第五百一十一条的规定。《中华人民共和国民法典》第五百一十一条明确规定，当事人就有关合同内容约定不明确，依照本法第五百一十条的规定仍不能确定的，适用下列规定：

1）质量要求不明确的，按照国家标准、行业标准履行；没有国家标准、行业标准的，

按照通常标准或者符合合同目的的特定标准履行。（注：这个条款的规定将会为电梯销售员在后期提供更多的机会去商谈）

2）价款或者报酬不明确的，按照订立合同时履行地的市场价格履行；依法应当执行政府定价或者政府指导价的，按照规定履行。（注：这就相当于谈判时电梯销售员可以借助政府的指导价帮助保价）

3）履行地点不明确，给付货币的，在接受货币一方所在地履行；交付不动产的，在不动产所在地履行；其他标的，在履行义务一方所在地履行。（注：这也就是说签订合同时拥有很大的机会让整个电梯工程的履行在当地进行处理，那么便可以因此得到更多的法律援助或者获得更多的优势）

4）履行期限不明确的，债务人可以随时履行，债权人也可以随时要求履行，但应当给对方必要的准备时间。

5）履行方式不明确的，按照有利于实现合同目的的方式履行。

6）履行费用的负担不明确的，由履行义务一方负担。

平衡合同条款优势与执行风险需要学会合理利用以上规定，它可以帮助电梯销售员争取更多的机会以及优势去洽谈，还可以避免谈判双方在洽谈时陷入僵局。电梯销售员若想立足于销售岗位进行长期发展，那么必须熟练掌握《中华人民共和国民法典》第五百一十条与第五百一十一条规定，以便于通过更加合理的手段或者方式平衡合同条款并且降低合同风险。

三、把控好罚则

平衡合同条款优势与执行风险的第三条底线是把控好罚则。在罚则执行过程中一般需要遵循三个原则，第一个是罚则对等，第二个是罚则封顶，第三个是罚则一定有明确的、具体的责任认定。如直接损失、间接损失等都需要非常小心地去把控，同时也要非常小心地去谈判。因为有些直接损失与间接损失界定的范围比较大，有时候甚至很难分清，界定过程中若有失偏颇，这样很容易失去客户。

四、把控好诉讼地

在发生合同纠纷诉讼时，理论上最理想的诉讼地是公司所在地，最坏的诉讼地是北京、上海、广州、深圳等一线城市。一般来说，被告人的公司在哪里就会在哪里提交诉讼，对于一般地域管辖的诉讼，应遵循"原告就被告"的原则。若被告为公民，由被告的经常居住地的人民法院管辖；若被告为法人或者其他组织，由被告所在地人民法院管辖。

对于特殊管辖地域所发生的诉讼案件，由合同纠纷提起的诉讼，由被告所在地或者合同履行地人民法院管辖；而由保险合同纠纷提起的诉讼，则由被告所在地或者保险标的物所在地人民法院管辖。根据以上信息可以看出，被告为公民的，由被告的经常居住地人民法院管辖，被告为法人或者其他组织的，由被告所在地人民法院管辖。

了解合同的内容、识别合同风险以及平衡合同条款优势与执行风险等都是电梯合同通用度非常高的内容。作为专业的电梯销售员一定要仔细体会这些内容的内涵，在熟练掌握后将它融会贯通与灵活运用。

【知识拓展】

合同履行的含义和特征

一、合同履行的含义
1）履行是当事人实施合同的行为。订立合同的目的在于实施。
2）履行是当事人全面、适当地完成合同义务的行为。
3）履行是整个合同实施过程中的行为。
二、合同履行的特征
1）合同履行是合同效力最基本的体现。
2）合同履行是合同当事人履行合同约定的标的物行为。
3）合同履行是合同当事人全面、正确地完成其合同义务的行为。
4）合同履行是合同当事人完成其合同义务的全过程。
5）合同履行是合同债权债务关系消灭的主要原因。

【单元自测】

通过哪些方法平衡合同条款优势与执行风险？

【单元评价】（见表8-3）

表8-3 单元评价

序 号	知 识 点	配 分	自测结果
1	如何平衡合同条款优势与执行风险	10	

模块九
电梯合同签订与变更

【情境导入】

在电梯项目开展与执行过程中,根据实际的项目进展情况,电梯项目合同的签订与变更是动态调整的,电梯销售员如在合同签订与变更中操作错误,容易造成极大损失,那么我们应该通过什么方法来应对电梯合同的签订与变更呢?

【情境分析】

电梯销售员需要掌控以下三个场景,第一个是合同初次签订的场景,第二个是合同变更的场景,第三个是战略协议的场景。在日常销售业务中需要深入且透彻了解这些场景,这对于降低电梯合同执行风险以及顺利收款都将是巨大的保障。

【学习目标】

1) 了解电梯合同签订。
2) 了解电梯合同变更。
3) 了解电梯战略协议。

单元一　电梯合同签订

【知识导图】

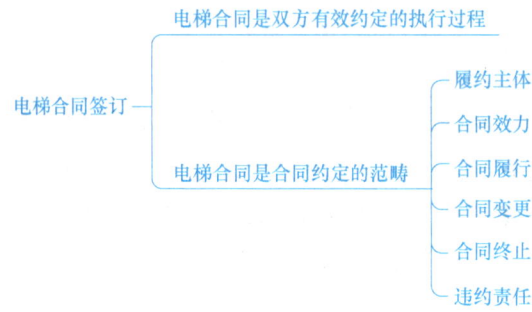

作为一名专业的电梯销售员必须对于电梯合同所涵盖的内容有深刻且全面的认识。因为电梯合同约定的内容就是后续电梯安装的要点，有关电梯发运、安装以及维保等相关服务的具体内容都需要以文字形式在合同中约定。

一、电梯合同是双方有效约定的执行过程

电梯合同是履约双方针对电梯项目中各项事宜的约定，然后双方把这些约定形成具体的文字落在纸上，就形成了正式的电梯合同。所以电梯合同的本质是一个动态的保障过程，它是保障电梯项目顺利执行的依据。

作为电梯销售员要以正确的态度去面对电梯合同，有部分电梯销售员认为我有很强的客户关系，合同只是一张纸而已，因此在谈判过程中忽视合同的重要性并把所有的事情都看得非常简单。这部分电梯销售员经常说得口头禅是"我不需要什么合同，我有客户关系，风险是可控的，我认为这个合同可以签"。

电梯销售员在日常销售作业中不应过度放大客户关系的作用，有些客户关系非常牢固，有些客户关系则非常薄弱。电梯销售员应该理性看待这些客户关系，如某电梯销售员接一个老旧小区改造的电梯项目，客户下了很多台电梯订单，这位电梯销售员与客户之间是称兄道弟的关系，所以电梯销售员认为铁哥们之间无须一纸合同进行约束。因此在哥们与他打过招呼后便开始安排排产与生产计划，但是这位客户后来因为资金有限直接放弃了这个老旧小区改造的电梯项目，那么这时这位电梯销售员就要面临非常大的危机，既要面临电梯公司的罚责，又要面对已购电梯零件的安装处理。而若是这位电梯销售员提前与客户签订合同，那么在客户取消约定后便可以向他索取相应的赔偿。

众多的事实也可以证明，这些销售员在签订合同以后，在履行合同的过程中会面临很多

问题，这是因为整个电梯销售业务是流动的，在签订新合同的同时，又需要花费很多的时间去处理老合同，长此以往电梯销售员的时间就会受到很大限制，每天的工作更会因此几何性增加，甚至有可能导致收入没有保障。

总而言之，电梯销售员面对合同时应树立正确的态度，在谈判过程中也需要对双方有关合同的约定做充足的讨论与理解。再加上有可靠的客户关系，这不仅容易赢得客户与同行的尊重，还便于自己从容地安排自己的时间。同时还可保障合同的执行顺利进行，收款也能随之顺利进行，从而使自己的销售业务渐入佳境。

二、电梯合同是合同约定的范畴

电梯合同通常需要包含履约主体、合同效力、合同履行、合同变更、合同终止以及违约责任六个方面的约定范畴。合同的内容约定越完整，后续的顺利执行就越有利，因为若是电梯安装与服务的方方面面都已进行提前约定，那么后续无论发生什么问题都会有对应的条款帮助解决。

（一）履约主体

合同的履约主体主要指的是债务人与债权人，而合同全面适当地履行，不仅依赖于债务人履行债务的行为，同时还要依赖于债权人受领履行的行为。因此，电梯销售员需要确定签约主体是否与合同执行人有直接关联，同时还要确认合同签订方与合同支付方是否一致，这是为了预防合同签订方与履行方不一致等情况，如签订合同的是一方，付款的又是另一方，这些情况在电梯项目中偶尔也会出现。

有些没有经验的电梯销售员往往会忽略合同签订方与支付方的一致性，在签订合同时认为这个没有问题。但恰恰相反，这个可能会为后续合同的执行与支付埋下隐患，从而导致合同收款困难。合同签约主体和合同实际履行义务的主体一般都是一致的，如合同内条款约定权利或义务指向第三人，在合同执行过程中一旦引发涉及第三人的权利与义务纠纷，那么必将会增加解决难度。

若合同签订主体和实际履行主体不一致，那么电梯销售员应该如何进行处理呢？根据2021年1月1日起施行生效的《中华人民共和国民法典》第四百六十四条规定：合同是民事主体之间设立、变更、终止民事法律关系的协议。婚姻、收养、监护等有关身份关系的协议，适用有关该身份关系的法律规定；没有规定的，可以根据其性质参照适用本编规定。

当合同签订主体和实际履行主体不一致时，在合同有效的情况下合同中的相对人应对合同的实际履行负责，合同相对人既认可合同签订人，也认可合同履行人。如果发生纠纷，可以将合同签订人与实际履行人均作为被告，要求合同签订人与实际履行人共同承担责任。

（二）合同效力

对于电梯合同来说，一定要提前约定其合同效力，因为电梯合同与其他合同一样也是受法律保护的，它是一个有效的合同。而合同效力的有效性主要通过以下四点进行判别：

1）合同订立的履约主体是否具备相应的民事权利能力和民事行为能力。

2）合同内容是否合理、合法。电梯销售员在与对方签订合同时，一定要确保合同内容遵循法律法规的强制性规定和公序良俗，以免因为违反强制性规定而导致合同无效。

3）当事人的意思不存在瑕疵，即当事人的意思是真实表示。

4）所制定的合同非无效合同。

（三）合同履行

合同履行是电梯项目的重中之重，因为合同中已经明列了合同执行过程中所有需要考虑的问题。如合同中已明确规定电梯公司需要提供什么类型的电梯产品，一共是多少台，有多少种不同的型号，一共需要支付多少金额等。合同履行过程中出现的问题，对应的问题应如何解决，在合同中的范畴是怎么样的，这些细节问题都需要提前讨论并在合同中一一约定。

（四）合同变更

在电梯项目合同中一定要加上有关合同变更的条款或者约定，电梯项目本身存在很多不确定性，有些合同在执行过程中可能会发生多次变更。若未提前在合同中约定相关变更事宜，那么当客户提出合同变更时，电梯公司就没有可靠的保障去应对这种变更，如没有办法按照原先的合同去收款，没有办法按照原先的合同约定的日期交货等。而如果合同无法按期执行，电梯公司就有可能面临违约与赔偿违约金的处罚。

（五）合同终止

电梯销售员在与客户洽谈时还需要确认合同终止条款，在什么情况下可以终止合同，这里指的终止是指通过合同约定来解除当事人之间的权利与义务关系。若电梯销售员未提前与客户约定合同终止日期，那么某一客户拿着十多年前的合同要求电梯公司履行合同中的约定，这时电梯公司就会遭遇很大的困扰与困难。因为客户要求按照合同约定提供十多年前的电梯产品，其配置和零配件也是十多年前的。对于电梯公司来说这样的合同无论是履行还是不履行都会出现较大麻烦。

总而言之，电梯销售员在签约合同时应按照顺序理顺合同的内容，该明确规定的日期就必须详细标注。无法详细标注的可以备注后续由双方商谈确定，特别是对于合同的终止日期更是需要明确标注，以避免出现不合时宜的合同，从而导致违约概率增加。

（六）违约责任

在电梯合同中明确约定双方的违约责任，电梯销售员在与客户洽谈时就要考虑到若发生违约应该如何进行处理，对方应如何进行赔付，有关违约的条款、违约的法则、违约的赔付方式等都要逐一列清。

违约责任的发生必须以有效合同为前提，当然违约责任不同于侵权责任，它需要电梯销售员与客户在订立合同时就进行事先约定。若前期合同中缺少有关违约责任的约定，那么在合同执行过程中发生相关违约事宜时，双方可能会因为赔偿问题或者责任归属而产生不必要的纠纷。

【知识拓展】

"签订"合同和"签定"合同有什么区别

《现代汉语词典》中收录了"签订"一词，注释为"订立条约或合同并签字"，而没有收录"签定"。从词的结构来说，"签订"是并列结构，是一个词，而"签定"是动补结构，是一个短语，它除了有"签订"的意思，还指签订的条约或合同是确定不变的。也有人认为两者是一组异形词，二者等义，但推荐使用"签订"。

"签订"的"订"是经过商讨而立下的意思。而"签定"的"定"有"商定"意思，即通过协商使之确定。从它们的含义可以看出，对于合同或者条约来说，似乎用"签订"或"签定"都是合适的，而且都是签（即签署）了字就生效，程序和效力都一样。所以，两者的选用似乎就是习惯和规范用法的问题了。但从法律用语上说，应该写"签订"，而不应该写成"签定"。法律用语比较严谨，不应该乱用替代词，而妄生歧义。因此，是"签订"合同，而非"签定"合同。

【单元自测】

1. 合同的意义是什么？
2. 合同中需要包含哪些内容？

【单元评价】　（见表9-1）

表9-1　单元评价

序　号	知　识　点	配　分	自测结果
1	合同的意义	5	
2	合同中需要包含的内容	5	

单元二　电梯合同变更

【知识导图】

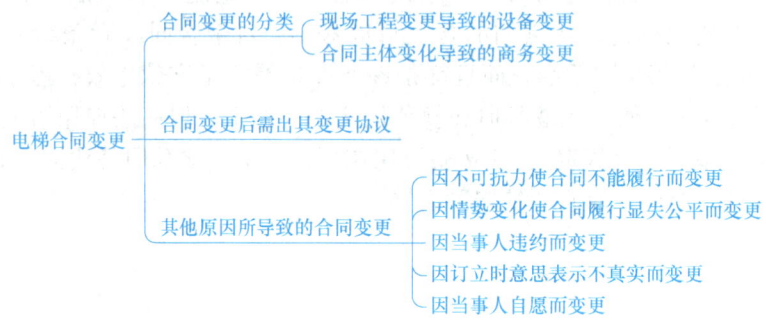

电梯销售合同并不是一成不变的，它会随着实际安装现场情况的变化而变化。这是因为电梯安装现场存在许多不可控因素，如施工工人请假或者安装机械未准时入场，这都有可能会导致电梯安装的工期受到拖延，而合同变更就是由现场变化情况所引起的，现场微小的变动都有可能会造成工期以及价格随之发生上下波动。

一、合同变更的分类

合同发生变更是电梯合同中较为常见的现象之一，一般来说合同变更主要分为两类，第一类是由于现场工程变更导致的设备变更，第二类是由于合同主体变化导致的商务变更。

这两种合同变更都有可能会对电梯公司的生产成本、人力配置以及收付款金额等产生影响，因此电梯销售员需要掌握不同类型合同变更的变化规律。

对于电梯销售员来说，面对合同变更需要把握的原则是在签订合同时就要约定每一台电梯对应的设备号以及这个设备号所对应的配置表与土建图。具体点说就是需要在电梯合同中约定每一台设备对应的规格、数量、型号以及配置表与土建图。这是因为每一台电梯设备都有各自对应的配置表与土建图，故而当设备号发生变化时，它对所应的配置表以及土建图等都会随之发生相同的变化。

有了配置表与土建图样就能查询这台设备所发生变更的具体内容，如这台设备是否出现跟原标的物设置不同的情况，若不同，则需要一个变更协议。变更协议指的是对约定好了的事项进行更改，如更改履行方式、履行地点、数量等。

电梯销售员需要把握变更协议的签订原则，并且在协议中明确发生变化的设备号、数量以及具体的土建变更情况，只有这样才能确保最后电梯公司与客户收款时保持一致。

（一）现场工程变更导致的设备变更

电梯销售员在与客户签订设备合同时，一定要掌握设备变更的关键要素。如在设备变更中一定要列明变更发生的具体位置，变更对应的是哪一台设备，这台设备对应对方的哪一个楼号。电梯销售员还要判断图样与现场的楼号是否一致，同时还要约定设备到达现场后，按照变更后设计图样的要求进行土建变更。

这些由现场环境变化所导致的设备变更都有可能会产生额外的费用，在执行的过程中就比较麻烦。因此需要提前进行设备变更约定，对于变更后设备的交期以及价格等都进行重新约定，以避免后期付款或者交货时出现无法对应的问题。

电梯销售员需要考虑的包括土建变更的金额、土建规格以及交期。在商务变更原则中，电梯项目的价格与条件是需要尽量避免调整的，因为当土建变更发生时，整个付款节点都会随之发生变化，甚至有可能造成混乱，最后有可能还会导致收款发生较大困难。

综上所述，商务合同中原先约定的价格以及付款条件应尽量保持不变。因为若这些发生变化，整个合同的付款节点也会发生巨大变化，甚至有可能导致整个工程的收款出现较大风险。

（二）合同主体变化导致的商务变更

设备变更是一种常见的合同变更，而商务变更则是由合同主体变化所导致的。电梯销售员一定要特别注意合同主体在合同中的地位与作用，若合同主体处于变化中更是需要特别进行关注，原则上不建议变更合同主体。一旦变更合同主体，有可能会让电梯销售员与电梯公司陷入无法找到对应的人去收款的窘境中。那么合同主体变更后会发生哪些变化，作为电梯销售员应如何去处理呢？

《中华人民共和国民法典》第五百四十三条规定：当事人协商一致，可以变更合同。

《中华人民共和国民法典》第五百四十五条规定：债权人可以将债权的全部或者部分转让给第三人，但是有下列情形之一的除外：根据债权性质不得转让；按照当事人约定不得转让；依照法律规定不得转让。

《中华人民共和国民法典》第五百四十六条规定：债权人转让债权，未经通知债务人的，该转让对债务人不发生效力。债权转让的通知不得撤销，但是经受让人同意的除外。

这就要求电梯销售员在与客户签订合同时，要明确约定若发生债务问题，以谁为履约主体。若能够选择不易变更合同主体的合同条款，这种情况当然最好，若无法保证这些内容，那么电梯销售员就应在合同签订时约定更多的合同主体问题，如在哪些情况下合同主体不能转让，若合同主体发生转让，甲方有权利与义务知会乙方。对于合同主体变更过程中的债务与权利问题，应做出明确标示。

在商务变更中也包含其他一些变更，但其中有两种变更需要重点去关注，第一类是客户需要在合同中添加一些参观费等；第二类是客户需要在合同中添加一些指导费与培训费。

1. 在合同中添加参观费

有些客户在参观电梯公司时可能需要支付一些路费以及其他费用。这些费用在合同中是非常敏感的，若将这些费用添加到后期变更条款中，那么这时电梯销售员有必要特别关注甲方的性质，包括这个费用需要支付给哪一方，因为这些有可能会导致一些不正当受贿或者索贿行为。

2. 在合同中添加指导费与培训费

有些客户在签订合同时可能寻一些名义添加一些额外的费用，如在合同中添加一些指导费与培训费。若将这些费用突然出现且需要加到后期的费用条款中，这时电梯销售员需要仔细关注合同方的性质，同时还要仔细查询这个费用需要支付给哪一方。以上条款加入到合同中，有可能会给电梯公司造成不必要的法律风险，这些在确定销售合同时一定要避免。

二、合同变更后需出具变更协议

整个合同变更完成后，一定是要出具变更协议的。合同变更协议是平等的当事人之间设立、变更、终止民事权利义务关系的协议，它需要甲乙双方经过平等协商，在真实充分表达各自意愿的基础上，对原合同进行变更，这个变更协议也是需要双方共同遵守的。

合同变更协议是原合同不可分割的组成部分，具有与原合同同等的法律效力。当然，合同变更协议只会对协议变更中的内容进行解读，原合同中的其他条款仍然适用，并且对双方仍然具有约束力。

针对合同所产生的变更协议一定会对应到具体的内容，一般来说，它需要对应相应的配置、图样、土建以及交期，合同的变更需要关注以下这些内容。

1. 对应相应的配置

由设备变更与商务变更所引发的变更协议肯定会对应相应设备号的配置。因为有变更协议就说明设备号已发生变化，而电梯设备号的变化必然会引起相应的配置发生变化，电梯销售员需要仔细对应电梯设备号，并为其匹配详细的参数。当然电梯销售员需要在变更协议中标明原配置是什么，发生变更后的配置是什么。

2. 对应相应的图样

合同发生变更有可能会导致电梯的设计图样随之发生变化。如原先的设备号是×××号，变更后的设备号是×××号，这两种设备号所需要的底坑深度以及其他施工条件都是不一样的，这些由设备号变更所产生的施工变化必须明确标注于图样中。

3. 对应相应的土建

设备号的变化会引起图样变化，图样的变化会引起土建变化。如井道宽度、井道深度、轿厢宽度、轿厢深度、层间距离等，若不按照更新后的设备号变更土建设计，那么将会发生非常严重的后果。如原先的顶层高度选用的是3.7~3.8m的井道，但是改造的顶层高度比较高，需要更高的顶层高度，若是不修改土建直接采用减少一层服务层的方式进行安装，那么则有可能会造成更多的工作量。

电梯销售员一定要仔细核对设备号变更后的土建变化情况，同时实地跟踪现场的土建参数勘测，以确保现场勘测的土建参数符合变更的电梯的建设要求。而这些土建变化一定要详细标注于变更协议中，它可作为后续收款的重要依据。

4. 对应相应的交期

当电梯设备号发生变化时，其型号、规格以及数量都有可能会随之发生变动。假如电梯项目需要增加电梯的数量，那么电梯数量增加越多，电梯公司所提供的交期也就越晚，因此电梯销售员需要仔细比对变更前后所发生的变化，避免因信息遗漏导致合同所定的工期无法与实际的现场安装状况相对应。一般来说，电梯销售员都需要在变更协议中注意新的交货期，若是无法预估，那么实际交货期由双方协商确定。

三、其他原因所导致的合同变更

除了由设备变更以及商务变更所导致的合同变更，还有其他一些原因也有可能会造成合同变更。其具体内容主要包括：

（一）因不可抗力使合同不能履行而变更

因不可抗力致使合同约定的部分义务不能履行的，当事人可以变更合同。因不可抗力造成全部义务不能履行的，则应当解除合同，而不是变更合同。

（二）因情势变化使合同履行显失公平而变更

这里讲的情势变化不包括商业风险。所谓情势，是指当事人在订立合同时不能预见并且不能克服，履行合同将对一方当事人没有意义或者造成重大损害的客观情势。情势变更与上述不可抗力变更相似，但情势不包括不可抗力，而是指不可抗力以外、非当事人所能控制的客观情况，一般包括国家经济政策（含指令性计划）和社会经济形势等。情势变化与不可抗力的主要区别在于，不可抗力是致使合同不能履行，情势变化是致使履行合同显失公平。

（三）因当事人违约而变更

因当事人违约而变更合同的，实际上是赋予了无过错的一方当事人变更合同的请求权。这里所说的违约是指当事人不按合同约定履行。

（四）因订立时意思表示不真实而变更

《中华人民共和国民法典》规定，下列意思表示不真实的合同可以变更：①因重大误解而订立的合同；②显失公平的合同；③一方以欺诈手段订立的合同；④一方以胁迫手段订立的合同。上述合同违反了《中华人民共和国民法典》确定的公平、诚实信用等基本原则，与受损的当事人真实意思相违背，因此需要变更，法律赋予该当事人变更请求权是应该的。

（五）因当事人自愿而变更

所谓的当事人自愿，是指在上述四种原因之外，当事人在不违反法律规定、不损害国家利益或者社会公共利益的情况下，双方由于其他原因按照意思自治原则变更合同。《中华人民共和国民法典》第五百四十三条规定：经当事人协商一致，可以变更合同。

综上所述，无论是哪一种原因所造成的合同变更，都将会为电梯公司和电梯销售员带来麻烦。因为合同内容一旦发生巨大变化，所对应的图样、土建以及施工条件等都将会发生变化。因此电梯销售员需要正确看待合同的变更，并且仔细核对变更的内容，避免后续的发运与安装过程因此变得不顺利。

【知识拓展】

《中华人民共和国民法典》第三编第六章　合同的变更和转让

第五百四十三条　当事人协商一致，可以变更合同。

第五百四十四条　当事人对合同变更的内容约定不明确的，推定为未变更。

第五百四十五条　债权人可以将债权的全部或者部分转让给第三人，但是有下列情形之一的除外：

（一）根据债权性质不得转让；

（二）按照当事人约定不得转让；

（三）依照法律规定不得转让。

当事人约定非金钱债权不得转让的，不得对抗善意第三人。当事人约定金钱债权不得转让的，不得对抗第三人。

第五百四十六条　债权人转让债权，未经通知债务人的，该转让对债务人不发生效力。

债权转让的通知不得撤销，但是经受让人同意的除外。

第五百四十七条　债权人转让债权的，受让人取得与债权有关的从权利，但该从权利专属于债权人自身的除外。

受让人取得从权利不因该从权利未办理转移登记手续或者未转移占有而受到影响。

第五百四十八条　债务人接到债权转让通知后，债务人对让与人的抗辩，可以向受让人主张。

第五百四十九条　有下列情形之一的，债务人可以向受让人主张抵销：

（一）债务人接到债权转让通知时，债务人对让与人享有债权，且债务人的债权先于转让的债权到期或者同时到期；

（二）债务人的债权与转让的债权是基于同一合同产生。

第五百五十条　因债权转让增加的履行费用，由让与人负担。

第五百五十一条　债务人将债务的全部或者部分转移给第三人的，应当经债权人同意。

债务人或者第三人可以催告债权人在合理期限内予以同意，债权人未作表示的，视为不同意。

第五百五十二条　第三人与债务人约定加入债务并通知债权人，或者第三人向债权人表示愿意加入债务，债权人未在合理期限内明确拒绝的，债权人可以请求第三人在其愿意承担的债务范围内和债务人承担连带债务。

第五百五十三条　债务人转移债务的，新债务人可以主张原债务人对债权人的抗辩；原债务人对债权人享有债权的，新债务人不得向债权人主张抵销。

第五百五十四条　债务人转移债务的，新债务人应当承担与主债务有关的从债务，但是该从债务专属于原债务人自身的除外。

第五百五十五条　当事人一方经对方同意，可以将自己在合同中的权利和义务一并转让给第三人。

第五百五十六条　合同的权利和义务一并转让的，适用债权转让、债务转移的有关规定。

【单元自测】

1. 合同变更的分类有哪些?
2. 合同变更的常见原因有哪些?

【单元评价】（见表9-2）

表9-2　单元评价

序　号	知　识　点	配　分	自测结果
1	合同变更的分类	5	
2	合同变更的常见原因	5	

单元三　电梯战略协议

【知识导图】

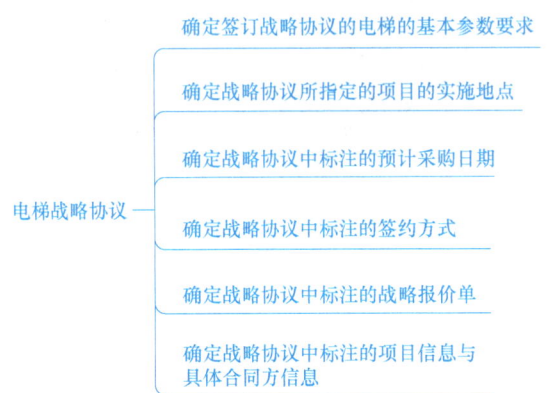

战略协议是合同双方动态行为和静态协议的统一，因为它在双方相互接触与洽谈作业中都是处于动态的发展过程。电梯销售员需要仔细查看合同的主要条款或者形成的合作协议。在签订协议时要紧紧抓住以下几个要点：

一、确定签订战略协议的电梯的基本参数要求

电梯销售员若是与客户签订战略协议，那就要时刻保持清醒的头脑，因为战略协议中的约定陷阱比较多，若未注意协议的细节，那么很可以陷入被动执行的窘境中。

一般来说签订战略协议需要确定与电梯项目相关的基本参数信息，如仔细确认战略协议是否已包含预计数量、规格、项目地点、预计采购日期、签约方式等信息。因为战略协议对于电梯公司来说相对比较优惠，如果客户坚持要签战略协议，那么约定的采购数量是必须的。若客户无法确定哪几个型号，而只是签一个战略协议，同时还对全系产品进行了约定，那么这种战略协议是非常被动的，电梯销售员在签订此类协议时应慎重考虑。

在签订战略协议时，电梯销售员若能明确整个电梯项目的数量、规格、项目地点、预计采购日期以及签约方式等，那么便可以根据这个初步的协议预估成本、生产费用并且进行更精准的报价。

二、确定战略协议所指定的项目的实施地点

战略协议需要包含项目的实施地点，如果不了解这些项目的实施地点，电梯销售员对于

安装费用的估算就有可能会存在较大的偏差，有可能会出现多估算或少估算等情况，这个在战略协议中也是需要特别去关注的。

如某个战略协议所提供的电梯安装地点非常远，那么这时电梯销售员需要仔细考虑项目实施地点的实际运输距离，并计算产生的物流运输费、人工装卸费以及运输途中的过路费。若需要分批次运输，那么还需根据不同批次的运输费用进行累计计算。

三、确定战略协议中标注的预计采购日期

战略协议中包括客户的预计采购日期、付款节点以及签约方式，在战略协议中需要去做详细的约定，因为这影响电梯公司产能的安排。若客户的预计采购日期距离合同日期非常近，那么电梯公司便没有足够的时间采购零组件以及安装生产，这种条款是万万不能签，因为一不小心就容易造成违约并且还需要支付巨额的赔偿金。

电梯公司的排产都是根据产能与战略协议综合确定的。电梯销售员若对其中的预计采购日期有疑虑，那么便要提前与客户商谈，以便于综合实际的情况合理安排生产。

四、确定战略协议中标注的签约方式

战略协议与电梯合同一样，也是需要签约的。但是战略协议的签订还需要谨慎约定签约方式，在具体执行过程中，会用哪种方式去签约也要有所约定。

五、确定战略协议中标注的战略报价单

战略协议中需要提供具体的战略报价单、付款方式以及续签合同的框架，同时在战略协议中还需要明确约定最低采购数量，这一般是需要对方做出明确承诺的，因为这会影响电梯公司后续的产能安排和自身的成本，这个战略报价单在整个电梯项目中是非常重要的，要约定不同电梯类型的价格、范围，而不是约定固定的价格，因为对方对整个电梯的实质配置是不了解的，容易出现特别的变数。

电梯销售员若约定了固定的价格，那么在实际签约中容易出现成本无法覆盖的两难情况。另外战略协议中所包含的付款情况以及合同框架也是不同的，这也需要特别考虑。后续具体的合同是按照合同框架走还是按照基本约定走，是否加上当地的一些条款，这些都是要在整个战略协议上有所体现的。

六、确定战略协议中标注的项目信息与具体合同方信息

战略协议还需要约定整个项目信息与具体合同方信息，有利于后续去签订合同，或者可以在战略协议中预见客户在执行合同过程中的要求，这些都是去谈具体合同时需要考量的必要内容。若战略协议所包含的内容很少，那么这个战略协议在谈的过程中就要格外小心，很有可能是一个无效的协议或者骗局。

现今有些战略协议的签约主体比较模糊，有部分人更是打着"战略合作"的旗号实施

诈骗。这就要求电梯销售员在日常销售中要仔细核对项目信息与合同方信息的真实性，避免被战略合作这个名头所影响，从而导致空欢喜一场。

【知识拓展】

公司之间建立战略协议的实际意义

1. 团队作战思想

战略协议参与成员能够对原本无法操作和执行的项目进行更妥善的处理，团队内部分工明确，信息收集的渠道、效率都会大大加强，在各自擅长的领域为项目提供更全面、稳健的支持。

2. 卡位思想

在竞争激烈的今天，获取目标客户的认可不仅仅是满足客户需求，而且需要阻击竞争对手的竞争，与竞争对手相比，形成比较优势。在技术创新越来越难、商业模式创新易被模仿的前提下，快速有效地获取必要的稀缺资源就成了竞争制胜的法宝。

联合卡位使战略合作各方能够在当前领域获得更多的话语权，进而争取更多的企业发展空间。

3. 转型思想

战略合作可以减少进入行业新领域的风险，通过调整供需关系，能够有效维持合作各方的业务运行，进而推动技术的研发及资金的良性运转，最后使合作各方均可受益。

【单元自测】

签署电梯战略协议需要注意哪些内容？

【单元评价】 （见表9-3）

表9-3 单元评价

序 号	知 识 点	配 分	自测结果
1	签署电梯战略协议需要注意的内容	10	

模块十
电梯项目管理

【情境导入】

如今越来越多的专家与学者将项目管理的概念引入到电梯项目中，项目管理是以项目管理者为中心，将电梯项目作为管理对象，从而使得整个电梯项目都能得到合理有序的解决方法，取得最佳的质量效益和经济效益。事实上将项目管理的概念引入到电梯项目中，这对于提高电梯的质量控制水平和房建项目的成功建设具有非常重要的促进作用。

【情境分析】

电梯项目与其他工程项目一样，也都需要经历启动、计划、实施、控制以及结束这五个阶段。而电梯项目的启动与计划是前期的施工阶段，实施与控制就是电梯项目的施工过程，结束则代表着施工结束后移交物业并且结束该项目。

【学习目标】

1) 了解电梯项目管理重点。
2) 了解电梯经销项目中销售员关键协调工作。
3) 了解电梯直销项目中销售员关键协调工作。

单元一　电梯项目管理重点

【知识导图】

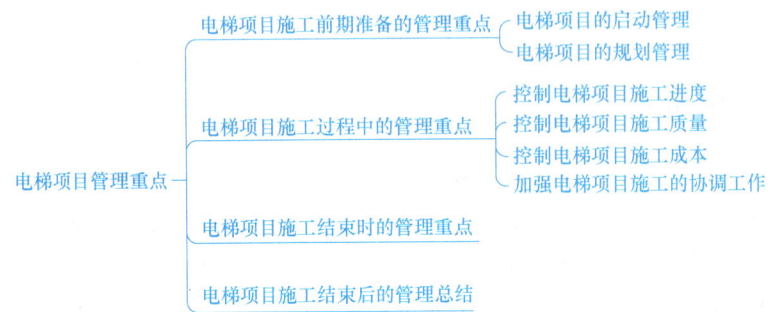

一、电梯项目施工前期准备的管理重点

电梯项目施工前期就需要准备相应的管理工作,这个阶段的管理工作主要侧重于电梯项目的启动和规划管理。前期只要做好这两方面的管理,就可确保电梯安装施工过程的顺利进行。

1. 电梯项目的启动管理

电梯销售员在接到电梯发货通知后,需要再次奔赴施工现场确认现场实际状况是否与前期合同签订的土建情况一致,同时还要确定其非标技术要求已得到满足。除此之外,还需要确认安装合同已经签订并已明确各方责任归属的问题。

电梯销售员在实际勘验中若发现土建参数与合同中对应的参数相差较大,那么则需要立即通知相关人员对合同中的内容进行更改。否则电梯发运到现场后会出现各种各样的问题,而电梯属于订制产品,对于已包装出厂的电梯产品是无法进行退货或者换货的。

2. 电梯项目的规划管理

"凡事预则立,不预则废",这句话强调了规划管理的重要性。在对电梯产品进行施工前,安排好整个电梯项目工程的整体规划是前期施工准备的重中之重。

规划管理始终是贯穿于电梯项目施工过程的一条主线,将一切与电梯项目有关的施工活动都控制在预定的计划之内,这就是项目管理的真谛。同时还可以实现现场资源的有效利用,避免施工过程中出现较大的变化,这对于获取最佳的施工方案与结果具有非常重大的意义。

电梯项目的规划管理主要包括工程进度规划、工程成本规划、工程质量规划、人力资源规划、沟通规划以及安全风险规划等。而电梯销售员作为主要的人力资源代表,则是整个施工过程中最重要的，这是因为所有的施工活动都是在人的控制下进行的，电梯销售员的行为有可能直接关系到整个施工过程的成败。反之，合理且高效的组织体系、部门职责规划则是电梯项目成功的重要组织保障，合理划分各职能部门的工作则是快速平稳运行施工作业的关键点。

电梯项目的人员配置应该由技术、质量、成本和进度控制等人员共同组成，如此方可在电梯项目的实施过程中调整执行策略，并且实现各职责部门的相互结合，在现场施工出现问题时能及时予以处理，从而使得电梯项目作业都能够按照合同的要求有条不紊地稳步进行。

二、电梯项目施工过程中的管理重点

电梯项目的施工主要包括实施和控制两个过程。所谓实施，就是指电梯项目按照预定计划完成电梯施工的工作过程，而对于电梯销售员来说施工过程中最重要的工作就是控制管理，而控制管理主要针对的是以下四个方面的内容：

（一）控制电梯项目施工进度

电梯销售员是现场与电梯公司沟通的桥梁与纽带，基本上所有的电梯销售员都需要跟踪现场。而跟踪现场的目的就是为了控制电梯项目施工的进度，电梯销售员需要根据现场的施工进度与现场技术负责人确定电梯产品进场的时间以及相对应的安装时间。

一般来说，电梯项目在实施过程中应严格按照项目实施计划执行。但若受到设计变更、资金问题、物资供应问题以及风险问题等其他方面因素的影响，那么作为中间沟通人的电梯销售员应立即进行调控并确保施工进度的正常执行。

合理控制电梯项目施工进度还需要确保每一个施工作业过程都有对应的人员执行相应的工作，将具体的施工责任落到实处。同时现场施工人员应加强协调与配合，定期开展有关电梯项目的例会以及专题会议，跟踪、检查项目进度，同时根据所得的结果，分析造成进度被拖慢的原因，并制定相关的解决方案，以保障电梯项目的施工有序进行。

当然，在施工过程中应充分调动现场施工人员的积极性，对日常的施工作业应遵循奖罚分明的原则。这对于提高各施工队伍的积极性，按期保质保量完成电梯项目安装任务具有非常重大的意义。

（二）控制电梯项目施工质量

电梯项目的控制管理还在于对施工现场的质量进行重点监控，特别是电梯安装施工现场某些隐蔽工程、电梯井道工程以及电梯动力系统工程等安装质量，都需要进行重点把控，否则会影响后期电梯的正常运行以及政府验收作业。

众所周知，衡量工程好坏的指标就是施工的质量。想要确保电梯项目的施工质量，就要建立行之有效的质量管理体系，并且还需要保证这些质量体系均可以按照合同要求落到实处。

依照电梯类特种设备的质量管理体系，编制与之相对应的质量管理文件，制定具体施工的质量管理方针和目标，从而使得整个施工过程都变得具有可控性、可协调性以及可检查性。当然在实际的施工过程中，有可能会出现影响工程质量的因素，如人员或者产品质量等。而编制良好的电梯产品管理质量文件，依照管理文件严格执行并控制施工过程，能够有效预防这些可能影响工程质量的因素。除此之外，还需要定时对现场施工人员进行质量管理培训，从而将电梯安装的质量落到实处。

（三）控制电梯项目施工成本

电梯销售员之所以频繁参与电梯项目现场监控工作，其主要目的也是为了控制电梯项目施工成本。如电梯项目现场因为井道问题或者底坑尺寸问题需要重新返工，造成这些的原因可能就是因为现场管理的不规范以及施工过程跟踪不及时，而加强电梯项目的现场监控与管理将会有助于降低不必要的成本支出。

加强电梯施工过程中的成本管理，从而实现项目利益最大化，创造更高的项目绩效，这已成为电梯项目成本控制的重中之重。但是成本控制是一项动态的、整体的管理活动，电梯施工单位应出具体的监测机制，及时反馈施工过程中的动态成本，并且制定可行的降低成本的措施，以达到降低施工过程中消耗的目的。

若想提高电梯项目的成本管理水平，这就要求电梯项目管理人员要具备成本管理的观念。对于电梯销售员来说，也必须了解更多有关成本管理的知识，根据成本的动态发展，制定行之有效的成本管理方法，以达到抑制施工现场不合理支出的目的。

（四）加强电梯项目施工的协调工作

电梯项目的现场协调沟通工作涉及多个阶层与多个不同的环节。因为在具体的施工过程中难免会遇到任务量安排有偏差、项目资金未能及时到位等异常问题，这些异常问题都有可能会影响现场施工人员的积极性，甚至有可能出现消极怠工等现象，这种现象所造成的直接后果就是电梯项目的施工进度被严重拖慢。

为了杜绝此类现象的发生，电梯项目的负责人以及电梯销售员应在第一时间予以沟通与协调，尽最大可能满足不同参建组织单位的要求。通过各部门的沟通协调，平衡各组织的利益，从而使得施工过程有条不紊地进行。

三、电梯项目施工结束时的管理重点

在电梯项目按照预期计划完成施工后，就需要依据合同要求进行项目移交。电梯销售员在完成对电梯项目的初步验收后，将它转移给售后部门，在移交工作开始之前，电梯项目施工单位还需要完成电梯井道、机房建设以及电梯安装查验等多个不同环节的验收与整理工作。但是必须注意的是必须经过政府相关部门的验收合格后方可进行产品的相关资料的移交，移交后的双方必须签订服务协议，落实相关责任归属，这样也大大有助于在法律上保障电梯公司和客户双方的利益。

四、电梯项目施工结束后的管理总结

电梯销售员在完成一个电梯项目后，都要及时进行资料整理、归档与总结。特别是当项目移交完成后，负责工程的施工单位也需要结合现场施工状况进行总结与讨论，总结施工过程中的不足不处，对施工过程中的合理性进行深入分析，这有助于施工人员和电梯销售员总结更多的现场经验，提升自身的施工管理能力以及技术管理水平。一般来说，所有的施工档案都要详细备案以备后查，在档案移交时还需要确保每一份合同协议书都有配套的附录，盖上骑缝章后形成一套完整的合同协议资料。

假如后续电梯项目出现工程质量问题，那么便可以抽调当时的施工档案进行深入查询。总之，严密的工程资料可以全面反应以及记载重要的施工过程，它是不可或缺的重要管理文件，同时也是衡量管理水平高低的综合体现。

电梯项目的顺利执行有助于提升客户满意度和回款作业效率，并且还有助于获得下一次合作的机会。虽然各个公司都有内部定义，明确了电梯项目顺利执行的职责部门，但是对于客户来说，他的第一联系人永远是签约的电梯销售员，这个事实是无法改变的。

总的来说，电梯销售员必须具备一些电梯项目管理的知识与技能，而具体在电梯项目执行过程中，电梯销售员需要执行的关键工作包括以下几点：项目执行中的各方职责、经销项目中销售员的关键协调工作、直销项目带安装合同以及直销项目不带安装合同销售员的关键协调工作这三方面的内容。

由于电梯合同的签订方式比较多，形式更是复杂多样，不同的合同签订方式，各方参建单位所行使的职责也是不同的。对于电梯销售员来说，他的工作职责就是起到一个良好的沟通与衔接作用，针对三类不同的合同与签订方式，电梯销售员所要做的协调工作也是略有不同，但是无论选择哪种合同与签订方式，电梯销售员的销售能力与沟通能力都是至关重要的，这对促进客户的再次合作具有非常重大的意义。

【知识拓展】

项目管理的意义

项目管理是组织实现项目目标管理的过程工作，其意义在于通过对有限资源的有效计划、组织、控制，实现项目管理目的，保证项目目标实现的系统管理方法，这个目标可以是组织的阶段性计划（如年度经营管理计划）规定，也可以是批准的《项目可行性报告》规定。

对于单项目企业，项目管理目标基本上也是企业管理目标，这时，企业既是项目的启动组织，又是项目实施管理的主体，项目的各阶段的管理全部操在企业手中，这时企业的管理与项目管理属于一体。

对于多项目实施的企业，企业作为项目启动组织，负责项目的策划、立项阶段的决策，负责组织项目管理组织和相应资源配备；下达项目管理目标，协调项目在组织内部及其相应外部环境的关系，监督管理实施过程及其效果，通过监督和适时纠偏，保证基本目标的实现；组织考核项目管理组织的工作质量，实施项目管理的组织评审，过程中积极发挥职能的监督和服务支持作用，是项目的组织者。

建设项目管理组织应根据企业的需要和现有人力资源、机构设置情况进行设置，没有一定之规，只要有利于项目运行，有利于高效完成项目目标，在项目管理的基本原则（项目经理负责制、项目成本独立核算制）下，能够尽快地把设想变成现实，把产品变成企业的利润，实现项目方案投资的目的就成。所以，就项目管理的方法而言，各企业的项目管理形式各有其特点。

项目管理过程中启动组织与实施组织之间的职能、职责划分应该根据企业的组织结构确定，项目主要管理人员的选择、项目管理模式的选定，企业向项目提供什么资源、企业层面职能部门与项目企业的职责划分，应该由企业决定，并体现在《项目管理规划》中。为更好地完成项目，企业必须对项目管理组织提供必要的支持和监督、控制性管理。

【单元自测】

1. 电梯项目管理重点包含哪些分类？
2. 电梯项目施工过程中的管理重点有哪些？
3. 电梯项目施工前期准备的管理重点有哪些？

【单元评价】　（见表10-1）

表 10-1　单元评价

序　号	知　识　点	配　分	自测结果
1	电梯项目管理重点分类	4	
2	电梯项目施工过程中的管理重点	3	
3	电梯项目施工前期准备的管理重点	3	

单元二　电梯经销项目中销售员的关键协调工作

【知识导图】

```
                              交货期确认
                              到货检验协调 ─┬─ 电梯产品运输至现场进行交接检验
电梯经销项目中销售员的 ─┤                   └─ 经销商到电梯公司进行检验自提
    关键协调工作        │ 开工申报文件协调
                       └ 调试与厂检协调
```

众所周知，所有的电梯项目都离不开电梯销售员的沟通协调作用。电梯销售员在电梯经销项目中需要做的协调工作有很多，主要在于交货期的确认、到货检验协调、开工申报文件协调、调试与厂检协调等。

对于经销合同来说，设备合同是由电梯公司来签订的，但是安装合同则是由经销商与甲方进行签订，因为电梯安装完后，电梯公司需要根据国家相关法律对电梯设备进行复核。有部分电梯销售员错误地理解了经销合同的内涵，认为经销合同不应包含安装合同，整个安装不是我负责的，如此一来这部分并不需要做很多沟通，并不需要对与之相关的安装与过程负责。

作为电梯公司的销售代表，电梯销售员还是需要协调经销合同以及安装过程的。一般来说，电梯销售员在经销合同中需要进行关键协调的工作主要包括以下几点：

一、交货期确认

这个电梯设备的安装若由电梯公司负责，那么就需要由电梯销售员与经销商确认每一批次电梯产品的交货日期以及现场是否已具备开工条件，协调具体的到货日期以及确认现场是否有接货人员等都是由电梯销售员去跟踪协调的，从而确保这个批次的电梯产品到达现场时，能有可靠的现场负责人帮助安装接货与卸货。

二、到货检验协调

电梯销售员在到货检验作业中也起到了关键的协调与沟通作用。根据工厂与经销商所签订合同的不同，到货检验协调主要分为以下两种情况：

（一）电梯产品运输至现场进行交接检验

电梯销售员可以到现场协调经销商进行货物的交接工作，一个负责开箱检验，另一个负责验收入库。电梯销售员要确保单批次的电梯交接工作有正式的书面文件，如设备装箱清单

（中转站签字盖章的复印件）、工具清单、备品和备件清单、有关技术的重要往来函件、出厂合格证（原件）、出厂质量证明书（原件）、出厂各项检验报告、产品零部件质量证明、产品原材料材质证明、原材料复检文件、安装手册以及使用维护说明书等，并且经双方签字确认，这是为了防止在安装过程中出现纠纷。

当然负责验收入库的现场施工人员还会针对电梯产品的零部件数量以及外观质量进行重点检查。因为电梯产品经过长途运输后有可能会因为包装破损而出现磨损或者磕碰现象，因此若发生此类现象，电梯销售员的协调与安抚工作也就变得非常重要。

（二）经销商到电梯公司进行检验自提

还有一种情况是依据合同约定，该批次的电梯产品属于自提货物，在电梯货物出厂前，经销商要到电梯公司进行出厂检验。这时电梯销售员就要负责沟通电梯公司与经销商两边的时间，并与经销商约定具体到厂验货的日期与时间，以及到厂提货的日期与时间，当然也要确定到厂提货的具体数量。在自提货物交接作业过程中，同样也需要一个正式的书面确认。

三、开工申报文件协调

电梯产品按照约定如期送到开工现场后，电梯销售员需要去沟通和协调，以提供足够多的开工申报文件。有一部分文件可能由电梯销售员安排提供，另一部分文件是需要配合经销商的开工单位去办理开工手续，在这个开工申报文件协调作业过程中，电梯销售员需要跟踪、了解安装进度过程，以帮助了解下一次批次电梯产品的具体发运日期。

产品合格证、生产单位制造资质、制造单位安装委托书、型式试验报告、安装使用维护说明书、井道图以及电气原理图、型式试验报告等开工申报材料一般都是由电梯销售员出面去收集，资料准备齐全后交由客户向相关单位统一进行申报。电梯销售员需要与客户保持密切沟通，并仔细确认客户申报所需的开工材料，再着手向电梯公司申请。

四、调试与厂检协调

待电梯产品安装完毕后，电梯销售员作为连接电梯公司与经销商的纽带，还需要帮助经销商去沟通电梯产品的调试过程以及厂检日期。这既是为了帮助经销商，也是为了促使项目各节点能够顺利完成。在这个作业过程中，电梯销售员还需要协调好厂检的具体地点、具体设备的清单以及现场配合的施工作业人员，以便于确保厂检人员一进入现场便能快速开展厂检工作，并且迅速结束相关的合作。

【知识拓展】

销售人员如何解决客户投诉

在项目执行过程中，即使是最好的安装经理也避免不了客户投诉，而电梯销售员作为与客户沟通最密切的服务方人员，往往客户会将其作为投诉的渠道。那么，销售员在接收到客户投诉后应该如何解决呢？

1）改变商谈时间，等待客户情绪稳定后再处理。
2）适时寻求他人帮助，特殊情况可邀请领导帮助，以在谈话中获得有利位置。
3）礼貌地重复你能做什么，确定客户目的。
4）做一个问题解决者，在限定的职权范围内解决客户问题。
5）将沟通过程中做出的判定及解决方案征询客户意见，获取同意后再实施。

【单元自测】

电梯经销项目中销售员的关键协调工作包含哪些？

【单元评价】（见表10-2）

表10-2 单元评价

序号	知识点	配分	自测结果
1	电梯经销项目中销售员的关键协调工作	10	

单元三　电梯直销项目中销售员的关键协调工作

【知识导图】

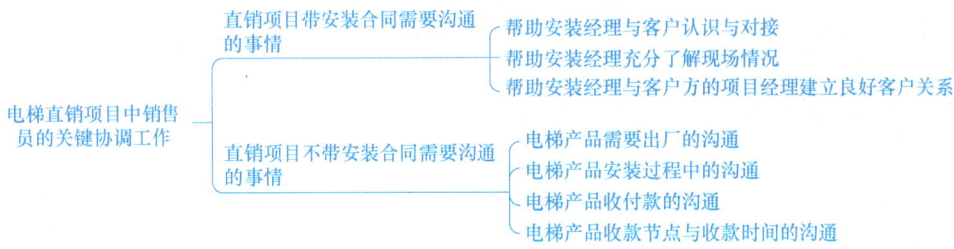

一、直销项目带安装合同需要沟通的事情

在直销项目带安装合同中，电梯销售员所起到的作用也是不可或缺的。因为电梯销售员在直销项目带安装合同中所做的沟通协调工作是比较全面的，但是具体工作量相对来说比较少一点，这类合同一般是整个合同的安装与运输都是由电梯公司来负责的，那么电梯公司势必会配备一个对应的安装经理沟通。

电梯销售员在直销项目带安装合同中的作用就是帮助安装经理与电梯项目工程的现场工作人员做沟通认识与引入。为了便于安装经理顺利融入电梯的安装项目工程中，电梯销售员的工作主要包括：帮助安装经理与客户认识与对接、帮助安装经理充分了解现场情况、帮助安装经理与客户方的项目经理建立良好客户关系。这是因为与现场工作人员的无障碍沟通对整个工程项目的执行具有非常重大的意义。

（一）帮助安装经理与客户认识与对接

对于客户来说，这个电梯项目只与电梯销售员有过深入接触，负责电梯安装的经理到达现场后，若由电梯销售员负责对接，那么便会达到事半功倍的效果。在安装开始前，电梯销售员需要将安装经理引荐给客户，并向客户简单介绍安装经理的个人经历，同时还需要帮助安装经理了解整个电梯项目的实际状况，帮助安装经理与客户进行沟通。特别是当某些客户习惯讲方言，安装经理若与客户存在沟通上的障碍，那么很容易导致后续安装作业出现理解偏差。

若安装经理与客户沟通中有不明确的地方，电梯销售员需要负责解释说明，并且根据实际情况进行必要的补充与阐述，以确保安装经理能充分了解当前的电梯项目。有了电梯销售员的帮助，安装经理便能很快进入工作状况，这对于正确把控整个电梯项目的安装进度具有非常大的好处。

（二）帮助安装经理充分了解现场情况

电梯销售员的沟通与协调工作一直都是非常重要的，特别是当安装经理到达现场后，无论这个安装经理是由电梯公司指定的还是委托的，都需要电梯销售员的引荐与帮助。因为相对刚进入现场的安装经理，实时保持跟踪状态的电梯销售员更加熟悉现场的安装进度。因此，帮助安装经理充分了解现场情况是电梯销售员其中一项重要的沟通协调工作，安装经理需要充分了解电梯安装工程的进度、现场安装条件、适宜开工的数量与批次以及电梯设备的运输到货日期等。

1. 电梯安装工程的进度

安装经理到达电梯安装现场后肯定需要先了解电梯安装工程的进度，如现场井道的开挖深度、底坑的条件是否已满足基本的安装要求、与安装有关的尺寸条件是否已得到满足。安装经理在深入了解电梯安装工程的进度后，便可以根据现场状况制定安装计划，包括人员的匹配、安装工具的配备、开工安装日期的协调以及具体安装事宜的明细安排等。

2. 现场安装条件

安装经理也会实地勘察电梯现场安装条件是否已得到满足。一般来说，安装经理都会重点查看以下情况：

1）机房楼顶预留孔洞、承重梁设置、吊钩设置、主要孔洞和土建布置图所要求的要保持基本一致，不符合部分要限期进行整改。

2）机房内的防渗与防漏水保护措施都已准备妥当。

3）电梯现场安装还需要确保井道施工条件的符合性。如井道内不得装设与电梯无关的设备以及电缆等；井道尺寸和土建布置图所要求的保持一致，允许偏差应符合《电梯工程施工质量验收规范》中的"土建交接检验"要求。

4）对于电梯现场的施工作业来说，安装经理还会慎重检查全封闭井道的隔离保护措施是否已安全妥当、井道壁导轨安装位置的墙面或者梁、底坑底面的顶板是否具有安装电梯部件所需要的强度，如安装轨道中打爆炸螺栓的墙面不得为气块砖或者灰沙砖，而是应该根据相关建筑标准选用非燃烧材料制造，因为这种非燃烧材料不易产生灰尘。若现场施工状况不符合要求，那么可以要求电梯安装公司进行整改或者委托第三方在电梯搭棚后进行施工。

5）电梯现场安装作业还需要确保底坑的施工作业空间已符合要求。电梯销售员需要配合安装经理实地检查电梯底坑底面有人员能够到达的独立空间，并且在对重（平衡重）上未设有安全钳位装置，对重缓冲器已按照要求安装在（或平衡重运行区域下方的下边）一直延伸到坚固地面上的实心桩墩上。

3. 适宜开工的数量与批次

安装经理会对已送至安装现场的电梯数量、型号、对应的楼号以及参数信息等做深入的了解与掌握。同时，电梯销售员还需要配合安装经理了解电梯安装工程的进度，确定适宜开工的数量与批次，若需要开工安装的电梯数量较多，那么必须根据管理计划有序地安排安装作业。

4. 电梯设备的运输到货日期

电梯销售员还要帮助安装经理全面了解电梯设备的运输进度，特别是电梯设备的运输到货日期。若安装经理未按照到货日期提前安排安装计划，那么就需要将电梯设备入库存储，这有可能会产生二次搬运费、存储费以及不必要的人工装卸费等。若安装经理直接标注电梯设备的到货日期，那么在电梯设备入场后便可着手安排相关安装事宜。

（三）帮助安装经理与客户方的项目经理建立良好客户关系

电梯销售员的沟通与协调能力以及客户关系肯定要比安装经理要更好些，所以在整个过程中，电梯销售员需要给安装经理提供足够多的帮助。如有些安装经理脾气比较急、讲话比较直接，在谈话间容易得罪客户，电梯销售员便可起到协调与安抚的作用，从而避免安装经理与客户的关系搞得过于僵硬。

二、直销项目不带安装合同需要沟通的事情

直销项目不带安装合同与直销项目带安装合同类似，也是需要电梯销售员进行全过程跟踪，并且在某些关键的节点进行协调与沟通。但是这类合同的风险性比较大，需要考虑的内容比较多，因此电梯销售员在跟踪协调过程中就要学会收集某些关键信息。

（一）电梯产品需要出厂的沟通

在电梯产品需要出厂的时候，电梯销售员就要去沟通协调运输、到货检验、开工申报、电梯安装、过程检验、电梯调试、工厂检验、电梯取证以及电梯移交等多个过程。一般来说，电梯销售员在沟通完到货检验后，就要进行开工申报，并且还需要准备后期的资料，从而确保后期收款作业的顺利进行。

（二）电梯产品安装过程中的沟通

在电梯安装过程中，电梯销售员需要沟通现场安装情况、跟踪安装进度、关注检验情况、安装完成节点的收款，并且要确保款未到的情况下，拒绝向客户提供任何调试码，不进行调试，不向工厂申请厂检。因为安装合同并不是与电梯公司签订的，电梯销售员几乎无法对它进行约束，唯一所能进行的约束就是在对方要求授权时，按照电梯公司的要求执行。

（三）电梯产品收付款的沟通

直销项目不带安装合同的跨度非常大，设备合同的收款与安装合同的收款是不一样的。若电梯销售员在作业过程中不盯紧，很有可能会出现安装款对方已经收到，但是由于客户对电梯项目的整个进程或者对于电梯某个运行效果不太满意，从而使得部分设备款被克扣，这对于电梯公司来说无形中会增加许多的风险。

综上所述，电梯销售员需要时刻紧盯直销项目不带安装合同的执行进度。若款未到位，电梯销售员绝不可提供相关的材料，在最终验收过程中，如果对方拒绝支付验收款，作为电梯销售员来说，则有权力拒绝将电梯移交给客户进行使用。

（四）电梯产品收款节点与收款时间的沟通

现今越来越多的客户喜欢选用直销项目不带安装这种模式签订合同，但是这种合同的最

大风险在于无法准确把握收款节点与收款时间。而作为沟通桥梁的电梯销售员则需要时刻紧盯收款节点以及收款时间，并且选择在最有利的节点与时间进行收款，如在电梯发运前提前确定收款节点，电梯到货检验后便提醒收款等。

总而言之，对于电梯销售员来说，在整个直销项目不带安装合同的签订过程中，需要关注的点非常多，需要沟通的疑难点也是非常多的。电梯销售员需要根据所学的知识进行学以致用，并且在实践中掌握更多关键的沟通协调技巧。

电梯与日常消费品以及工业产品具有非常大的不同，电梯公司所完成的电梯产品设计并不是一个完整的产品，它还需要经过现场安装以及需要经过规定的检验检测机构检测合格后，方可成为完整的电梯产品。为了保障电梯的安全安装，电梯项目管理尤为重要，现今的电梯企业逐步意识到电梯项目的科学管理对于电梯工程的执行其至对电梯公司的发展的重要性，这也是电梯行业对专业的电梯销售员以及管理员需求量不断上涨的重要原因之一。

总的来说，电梯销售员不仅要具备过硬的电梯硬件知识、电梯安装知识以及销售知识，还需要掌握更多的人际关系学知识，这样才能够在不同类型的电梯项目合同中发挥良好的沟通与协调作用。

【知识拓展】

协调工作的作用和意义

1. 协调工作有利于加快进度

一个工程项目通常由不同的专业工程组成，需要不同的专业队伍完成，这就存在不同专业队伍间的相互衔接、相互协调的问题。如果各专业队伍之间互相推诿或某一专业队伍出现工期延误，都会影响建设总工期。这就需要项目经理进行组织与协调，使各专业队伍间的衔接工作顺利进行，减少因返工而造成的时间耗费，保证工程建设按计划工期顺利实施。

2. 协调工作有利于提高工程质量

通过协调工作，使施工进度控制在适合的范围内以保证工程的质量，如砖墙砌得过快，往往灰缝厚度不够，造成墙体开裂。工程质量是一种综合效果，不是简单的 $1+1=2$ 的问题，即土建方认为土建质量好，安装方认为安装质量好，但并不意味着综合质量好。因此通过协调各专业交叉部位的工作，可以减少因返工而对工程质量带来的隐患。

3. 协调工作有利于控制工程投资

通过项目部或监理单位的协调工作，在一定程度上能使施工方案得到优化，减少因不协调问题带来的额外费用，这样对整个工程的投资产生了有利的影响。

4. 协调工作有利于合同管理

虽然现在的工程项目建设活动通过合同来约束或管理，但也难免会在某些地方产生争议，因此可以通过协调来减少争议的发生。

【单元自测】

1. 销售员在电梯直销带安装合同中的关键协调工作包含哪些？

2. 销售员在电梯直销不带安装合同中的关键协调工作包含哪些?

【单元评价】（见表10-3）

表 10-3　单元评价

序　号	知　识　点	配　分	自测结果
1	销售员在电梯直销带安装合同中的关键协调工作	5	
2	销售员在电梯直销不带安装合同中的关键协调工作	5	

参 考 文 献

[1] 叶安丽. 电梯控制技术 [M]. 2版. 北京：机械工业出版社，2018.
[2] 上海市电梯行业协会，上海市电梯培训中心. 电梯——原理·安装·维修 [M]. 北京：中国纺织出版社，2011.
[3] 梁风. 围棋谋略与电梯销售技巧 [M]. 苏州：苏州大学出版社，2012.